EMMA HEGEMANN

UNNÜTZES WISSEN FÜR TEENIES

UNNÜTZES WISSEN FÜR TEENIES

555 FUN FACTS über die AUFREGENDSTE ZEIT deines Lebens

EMMA HEGEMANN

riva

Bibliografische Information der Deutschen Nationalbibliothek
Die Deutsche Nationalbibliothek verzeichnet diese Publikation in der Deutschen Nationalbibliografie. Detaillierte bibliografische Daten sind im Internet über http://dnb.d-nb.de abrufbar.

Für Fragen und Anregungen
info@rivaverlag.de

Wichtiger Hinweis
Ausschließlich zum Zweck der besseren Lesbarkeit wurde auf eine genderspezifische Schreibweise sowie eine Mehrfachbezeichnung verzichtet. Alle personenbezogenen Bezeichnungen sind somit geschlechtsneutral zu verstehen.

Originalausgabe
1. Auflage 2023

Türkenstraße 89
80799 München
Tel.: 089 651285-0
Fax: 089 652096

Redaktion: Ulrike Reinen
Umschlaggestaltung: Isabella Dorsch
Umschlagabbildung: Shutterstock.com/VectorPot, bosotochka, RoseRodionova
Satz: Satz: feschart print- und webdesign, Michaela Röhler, Leopoldshöhe
Druck: CPI books GmbH, Leck
Printed in the EU

ISBN Print 978-3-7423-2430-6
ISBN E-Book (PDF) 978-3-7453-2193-7
ISBN E-Book (EPUB, Mobi) 978-3-7453-2194-4

Wir produzieren nachhaltig
www.m-vg.de

Weitere Informationen zum Verlag finden Sie unter

www.rivaverlag.de

Beachten Sie auch unsere weiteren Verlage unter www.m-vg.de

Inhalt

Filme & Serien 9

Erwachsenwerden: Body & Soul 23

TikTok & Co 37

Musik & Party 47

Internet, Gaming & E-Sports 59

Politik & Geschichte 71

Sport, Action & Abenteuer 83

Bücher, Sprache & Wissenschaft 93

Seltsam, eklig, unheimlich 105

Verrücktes Teenagerleben!

Wusstest du, dass das Gefühl, eine Nachricht gekriegt zu haben, obwohl gar keine angekommen ist, Textaphrenie heißt? Dass Jungs die Anzahl ihrer Muskelzellen während der Pubertät *verdoppeln*? Oder dass Justin Timberlake wegen seiner krass schlechten Haut in der Schule Pizzagesicht genannt wurde?

Lies dich wild und kreuz und quer durch dieses Buch und entdecke noch viel mehr unnützes Wissen zum Thema Teenageralter und über alles, was dich sonst gerade noch brennend interessiert.

Über Handy, Body und Sport.

Über die Filme und Serien, die du liebst.

Über die Bücher, die du verschlingst.

Entdecke Unglaubliches, Ekliges, Fantastisches und erfahre von anderen Teenagern und ihren großen Abenteuern.

Wusstest du zum Beispiel, dass es der 14-jährige Niclas Nadasdy ins *Guinnessbuch der Rekorde* schaffte, indem er 334 Mal in 60 Sekunden mit den Fingern schnippte? Oder dass es Unterhosen gibt, die den Geruch deiner Pupse filtern?

Mal ehrlich: Was so witzig ist, kann doch gar nicht so unnütz sein, oder?

Viel Spaß dabei!

Deine

Emma Hegemann

DEINE FILME & SERIEN

Seinen ersten Cameo-Auftritt – er erschien selbst kurz im Film – hatte *Avengers*-Vater Stan Lee als Geschworener in *Der unheimliche Hulk vor Gericht*, als sich Banner in den Hulk verwandelt. Hast du ihn schon entdeckt?

170 000 Menschen schauten am ersten Wochenende nach Kinostart das deutsche Gangster-Drama *Rheingold* – für Regisseur Fatih Akin ist das damit der beste Kinostart seiner Karriere.

Die 1997 in Japan ausgestrahlte *Pokémon*-Folge *Electric Soldier Porygon* löste durch das Flackern der Explosion in einer Szene bei vielen Zuschauern epileptische Anfälle aus und wurde daraufhin nie wieder ausgestrahlt.

Elf Oscars erhielten bisher nur drei Filme: *Ben Hur*, *Titanic* und *Der Herr der Ringe: Die Rückkehr des Königs*.

Der Herr der Ringe: Die Rückkehr des Königs war übrigens für elf Oscars nominiert und erhielt auch alle elf – während zum Beispiel der Film *Die Farbe Lila* 1985 für elf Oscars nominiert war und keinen einzigen erhielt. Boah. Ganz schön ärgerlich.

Die Geier im *Dschungelbuch* wurden optisch an die Beatles angelehnt. Auch die Stimmen sollten die Pilzköpfe (so hießen die Beatles wegen ihrer Frisuren) den gefiederten Freunden leihen, doch Sänger John Lennon war angeblich dagegen. Schade.

Die Altersgruppe der 12- bis 17-Jährigen – also deine – verbringt Studien zufolge mehr Zeit mit Internetfernsehen als mit »normalem« Fernsehen. Kannst du das so bestätigen?

Der japanische Animationsfilm *Chihiros Reise ins Zauberland*, bei dem die Heldin eine Art verlassenen Vergnügungspark entdeckt und ihre Eltern sich in Schweine verwandeln, ist der weltweit meistausgezeichnete Zeichentrickfilm.

Stranger Things sollte ursprünglich *Montauk* heißen – aber weil die Serie dann doch nicht in diesem Dorf an der Ostspitze von Long Island spielte, entschieden sich die Macher für einen anderen Titel.

Selena Gomez produzierte gemeinsam mit ihrer Mutter die Netflix-Serie *Tote Mädchen lügen nicht*, ärgerte sich dann aber darüber, dass ihre Mutter sich zu viel einmischte.

Loki (im Original gesprochen von Tom Hiddleston) verwandelt sich im *Simpsons*-Kurzfilm *Bart und Loki: Zwei glorreiche Halunken* in Bart und schleicht sich in die Familie ein. Denkst du, Loki könnte auch deine Familie hinters Licht führen?

Der deutsche Kinoerfolg *Fack ju Göhte* wurde 2016 in Mexiko für den mexikanischen und den US-amerikanischen Markt neuverfilmt. Der Titel: *No manches Frida!* Das Kinoplakat sieht übrigens fast genauso aus wie das des deutschen Films.

Harry-Potter-Autorin J. K. Rowling wollte im Film nicht die Mutter von Harry spielen und lehnte einen Cameo-Auftritt dankend ab.

Jedi-Meister Yoda aus *Star Wars* – dessen Name übrigens auf das Sanskrit-Wort »yuddha« (»Krieg«) zurückgeht – sollte ursprünglich von einem süßen Affen mit Maske gespielt werden. Oh, wäre das putzig gewesen!

Für ihren ersten Auftritt als Enola Holmes im gleichnamigen Film bekam die britische Schauspielerin Millie Bobby Brown umgerechnet 5,5 Millionen Euro. Wie hoch ist noch mal dein Taschengeld?

Der Disney-Film *Dumbo* über einen Elefanten mit viiiel zu großen Ohren dauert nur 64 Minuten.

Max von der Groeben wäre – wenn es mit der Schauspielerei nicht geklappt hätte – gerne Sportjournalist geworden. Ein Praktikum dafür machte er sogar schon.

Spiderman-Star Zendaya hat deutsche Vorfahren. An ihrem vollständigen Namen Zendaya Maree Stoermer Coleman kann man das fast ein bisschen erkennen.

Auf der Filmbewertungsseite »Rotten Tomatoes« hat die erste Staffel von *Heartstopper* über zwei Freunde, die sich an der Jungenschule Truham Grammar School ineinander verlieben, eine Bewertung von 100 Prozent.

GNTM (Germany's Next Topmodel) gibt es seit dem 25.1.2006. Creative Director Thomas Hayo war – neben Heidi Klum – am längsten mit dabei.

Arbeitstitel des ersten *Avengers*-Films war *Group Hug* – ganz frei übersetzt: »Gruppenkuscheln«. Wie gut, dass es doch ein anderer Name geworden ist ...

In der britischen Serie *Coronation Street* spielt der Schauspieler William Roache seit 1960 die Rolle des Ken Barlow. Haben deine Großeltern da überhaupt schon gelebt?

26 Mal durfte Trickfilmzeichner und Filmproduzent Walt Disney sich den Oscar mit nach Hause nehmen – mehr als doppelt so oft war er dafür nominiert: stolze 59 Mal.

Ein toter Vater, ein böser Onkel, gegen den der Held kämpfen muss – das alles gab es schon mal: Disney-Film *Der König der Löwen* ist ein »Remake« eines bekannten Bühnenstücks von William Shakespeare: *Hamlet*. Es erschien um das Jahr 1600 in London.

Riverdale-Star Cole Sprouse hat Archäologie studiert – doch seine Leidenschaft, neben der Schauspielerei, ist das Fotografieren.

Der Titel des Films *Tigermilch* geht zurück auf ein Getränk, gemischt aus Milch, Weinbrand und Maracujasaft – wobei die Milch angeblich symbolisch für die Kindheit, Weinbrand fürs Erwachsenenleben und der Maracujasaft für die Zeit dazwischen steht.

Nachdem *Findet Nemo* in die Kinos gekommen war, kauften so viele Menschen sich Clownfische für ihre Aquarien, dass die Clownfisch-Populationen an verschiedenen Orten gefährlich zusammenschrumpften.

Bei *Harry Potter* gibt es im Haus der Weasleys keine rechten Winkel. Auch tragende Balken wurden extra entfernt, damit das Haus so herrlich schief aussieht, wie es aussieht. Würdest du gerne mal bei den Weasleys übernachten? Oder sogar dort wohnen? Und hättest du Angst vor dem Ghul unter dem Dach?

Im Pixar-Film *Ratatouille* haben die Menschen keine Zehen – dieses Detail hätte die Animatoren zu viel Zeit gekostet.

Warum Tony Stark so gerne Black-Sabbath-T-Shirts trägt? Von der Metal-Band gibt es einen Song mit dem Titel »Iron Man«.

John Boyega hatte solche Angst, dass er die Rolle des Finn in *Star Wars – Das Erwachen der Macht* doch nicht bekommt, dass er seinen Eltern erst davon erzählte, als schon Bilder der Darsteller online gingen.

72 Stunden lang waren Ariane Alter und Sebastian Meinberg 2019 bei ARD-alpha und dem funk-Youtube-Kanal *Das schaffst du nie!* ununterbrochen auf Sendung und stellten einen neuen Weltrekord für die längste TV-Talksendung auf.

Die Sängerin Billie Eilish war 2022 im *Simpsons*-Kurzfilm *Billie trifft Lisa* zu sehen.

Die Mutter von Leonardo DiCaprio ist Deutsche, er selbst war als Kind oft zu Besuch in Oer-Erkenschwick bei seiner Oma Helene. Sie ist allerdings bereits 2008 gestorben.

Hottie Timothée Hal Chalamet ist das Kind einer Amerikanerin und eines Franzosen. Obwohl der Schauspieler in Manhattan geboren wurde, verbrachte er einen großen Teil seiner Kindheit bei seinen Großeltern in Frankreich.

Warum in so vielen Disney-Filmen die Hauptfiguren ohne Eltern – oder zumindest ohne Mutter aufwachsen? Für viele der jugendlichen Zuschauer ist das vermutlich die schlimmstmögliche Vorstellung.

Walt Disneys eigene Mutter erstickte in Folge eines defekten Ofens in ihrem Haus, das Walt und sein Bruder ihr nach dem Erfolg von *Schneewittchen und die sieben Zwerge* zur Verfügung gestellt hatten. Walt machte sich den Rest seines Lebens Vorwürfe, weil er den Ofen nicht richtig hatte reparieren lassen.

Die Post-Credit-Szene in *The Avengers*, bei der die Avengers zusammensitzen und essen, wurde so spät gedreht, dass Chris Evans sich schon einen Vollbart für seinen nächsten Film hatte wachsen lassen. Der Bart wurde darum von einer Prothese und seiner Hand verdeckt. Schau mal rein – siehst du es auch?

Eigentlich sollte Reese Witherspoon die Rolle der Merida in *Merida – Legende der Highlands* übernehmen – sie also sprechen. Allerdings bekam sie den schottischen Akzent so ganz und gar nicht hin und musste deshalb absagen.

Avengers-Star Jeremy Renner alias Hawkeye verletzte sich beim Schneeräumen Anfang 2023 so schwer, dass er ins Krankenhaus geflogen werden musste.

Im Schnitt sehen sich die Menschen 16 Stunden Online-Videos pro Woche an. Und – wo liegst du so durchschnittlich?

Han Solo tauchte auch schon in ganz frühen *Star Wars*-Drehbuchfassungen auf – allerdings als grünhäutiger Alien mit großen Kiemen und ohne Nase. Da hätte sich Prinzessin Leia bestimmt gefreut ...

Malfoy-Darsteller Tom Felton und Hermine aka Emma Watson aus *Harry Potter* sind dicke Freunde – angeblich war Emma als Teenie sogar ein bisschen in Tom verknallt. Total süß, oder?

Alles steht Kopf ist der einzige Pixar-Film, der nicht gleich nach Erscheinen auf Platz eins landete. Der Grund: *Jurassic World* – das jedoch eine Woche später von *Alles steht Kopf* abgelöst wurde.

Als Kulisse für die Goethe-Gesamtschule in *Fack ju Göhte* diente das Lise-Meitner-Gymnasium Unterhaching.

Im Pixar-Sequel *Die Monster Uni* spricht Nationaltorhüter Manuel Neuer das Schrecker-Idol Frank McCay.

Videoproduzentin und Influencerin Bibi Claßen (geborene Heinicke) hat schon als Synchronsprecherin ihr Glück versucht – und zwar in *Ritter Rost 2: Das Schrottkomplott* und *Die Schlümpfe 3: Das verlorene Dorf.*

Am Ende des Vorspanns der Serie *Pretty Little Liars* legt Lucy Hale den Finger an die Lippen und macht »sscchht«. Das war nicht geplant – und schaffte es nur zufällig in die Serie.

---

6 469 952 schwarze Punkte waren notwendig, um die Hunde in *101 Dalmatiner* mit Flecken zu versehen.

Am Set der Serie *Tote Mädchen lügen nicht*, in der es um Suizid, Mobbing und Gewalt geht, wurden Therapiehunde eingesetzt, um den Darstellern bei Bedarf tröstend und beruhigend zur Seite zu stehen.

Zwei der Avengers haben schon mal Detektiv gespielt – nämlich Sherlock Holmes: Robert Downey Jr. und auch Benedict Cumberbatch.

Die Sprache Parsel, die Schlangen verstehen, gibt es wirklich. Für die Verfilmung der *Harry Potter*-Bände designte der Professor für Phonetik Francis Nolan eine eigene Sprache – zumindest in Grundzügen.

Während Teil 1 und 2 der Netflix-Serie *365 Days* noch ab 16 Jahren empfohlen war, ist Staffel 3 nun »ab 18«.

Tom Hiddleston wollte im Film *Thor* eigentlich die Rolle des Thor übernehmen. Aber mal ehrlich: Ist er nicht ein viel besserer Loki?

Ed Westwick kam für die Rolle des Bad Boy Chuck Bass bei den Produzenten von *Gossip Girl* gar nicht gut an. Er sehe aus wie ein Serienmörder. Ui!

Die Serie *Türkisch für Anfänger* wurde in etwa 70 Ländern ausgestrahlt – darunter auch Frankreich, Russland und Spanien.

Der Hauptdarsteller von *Türkisch für Anfänger* Elyas M'Barek ist kein Türke. Sein Vater ist Tunesier – seine Mutter Österreicherin. Aufgewachsen ist M'Barek in Sendling, einem Stadtteil von München, später besuchte er unter anderem ein Klosterinternat.

Ultron aus *Avengers: Age of Ultron* wird in der deutschen Fassung von Andreas Fröhlich gesprochen. Das ist übrigens auch der Sprecher von Edward Norton und von Bob Andrews aus *Die drei Fragezeichen*. Hast du's gemerkt?

Die Comics auf denen die Serie *Riverdale* basiert, stammen aus den 1940er-Jahren.

Die Darsteller von *Stranger Things* haben einen eigenen Gruppenchat. Sein Name: »Stranger Texts«. Da würde ich ja auch gerne mal mitlesen …

Snape-Darsteller aus *Harry Potter*, Alan Rickman, wusste als einziger Darsteller, welches Ende seiner Figur bevorstand. Hättest du dicht halten können oder gespoilert?

397 Tassen Kaffee tranken Rory und ihre Mutter Lorelai in 153 Folgen *Gilmore Girls*. Da die Rory-Darstellerin jedoch keinen Kaffee mochte, gab es für sie Cola.

Daniel Craig ist der inzwischen sechste James Bond. Der erste Bond war der 2020 verstorbene Sean Connery.

Beim Dreh der Szene, in der Hermine beim Weihnachtsball in *Harry Potter und der Feuerkelch* die Stufen hinabsteigt, stürzte Emma Watson und fiel die Treppe herunter. Autsch! Und auch ein bisschen peinlich ...

Im Disney-Film *Cruella* von 2021 wird die Mutter der Protagonistin – gespielt von Emma Stone – von zwei Dalmatinern in den Tod gestürzt. Ob das wohl der Grund ist, weshalb Cruella De Vil in *101 Dalmatiner* einen Mantel aus Dalmatinerfell haben möchte?

Für seinen ersten Auftritt als Captain America in *Captain America: The First Avenger* bekam Chris Evans »nur« 300 000 Dollar – bei *Avengers: Endgame* waren es dann schon 15 Millionen. Was für eine Gehaltssteigerung!

Riverdale-Star Madelaine Petsch ist mit einem Boot einmal fast gesunken und hat seitdem riesige Angst vor offenen Gewässern. Verständlich.

Da Carry Fisher nach den Dreharbeiten zu *Star Wars: Die letzten Jedi* starb, mussten für *Star Wars: Der Aufstieg Skywalkers* ungenutzte Szenen aus den letzten Filmen verwendet werden.

Große Vorbilder: Der Look von Blair Waldorf in *Gossip Girl* wurde von Audrey Hepburn inspiriert – Serena Humphreys Look von Sienna Miller und Kate Moss. Wer inspiriert deinen Style?

Angeblich bekam Mark Ruffalo für *Avengers: Endgame* ein falsches Skript vorgelegt, weil er in den letzten Jahren immer wieder seine Neigung zum Spoilern bewiesen hatte.

Auf dem Grabstein von Nick Fury in *Return of the First Avenger* steht der Anfang des Bibelverses, den Samuel L. Jacksons Figur des Jules Winnfield in *Pulp Fiction* immer wieder zitiert: »Der Pfad der Gerechten ist auf beiden Seiten gesäumt mit Freveleien der Selbstsüchtigen und der Tyrannei böser Männer.« Ein Vers, den es übrigens gar nicht gibt.

Riverdale-Darsteller Cole Sprouse und Camila Mendes kennen sich noch aus ihrem Studium an der New York University – genauer gesagt: Camila kennt Cole. Er konnte sich nicht mehr daran erinnern.

In der Pilotfolge von *Pretty Little Liars* wurde Toby noch von James Neate gespielt – erst später wurde die Rolle vom altbekannten Keegan Allen übernommen.

ERWACHSENWERDEN: BODY & SOUL

& SEX

Der US-Amerikaner Isaac Johnson kann seinen Mund 9,34 Zentimeter weit aufreißen. Kannst du da mithalten?

Pro Monat wachsen unsere Fingernägel um die drei Millimeter.

Mädchen können auch schwanger werden, wenn sie noch nie ihre Periode gehabt haben. Der Grund: Zum Eisprung, der notwendig ist, dass ein befruchtungsfähiges Ei vorliegt, kann es schon vor der ersten Blutung kommen.

Wenn du deine Stirn runzelst, dann sind dabei um die 40 Muskeln aktiv. Krasses Work-out, oder?

Als Baby hast du etwa 50 Mal in der Minute geatmet, bei deiner Einschulung nur noch etwa 25 Mal. Als Erwachsener wirst du nur noch 12 bis 17 Mal pro Minute atmen.

Dänischen Wissenschaftlern zufolge sinkt das Eintrittsalter in die Pubertät immer weiter. Vor 200 Jahren lag das Durchschnittsalter bei der ersten Regelblutung bei etwa 17 Jahren, heute bei 12,8. Und auch den ersten Samenerguss haben Jungs inzwischen fast zwei Jahre früher als in den 1980er-Jahren.

Die meisten Menschen haben eine Vorliebe, in welche Richtung sie beim Küssen ihren Kopf drehen – zwei Drittel bevorzugen rechts. Und du?

Wer unter der Stoffwechselerkrankung Trimethylaminurie leidet, riecht ständig nach Fisch – und zwar nicht etwa, weil er sich nicht wäscht.

Innerhalb eines Monats erneuert sich die äußerste Hautschicht einmal komplett, das heißt, jede Minute fallen 30 000 tote Hautzellen in winzig kleinen Schüppchen von dir ab. Leise rieselt der Schnee ...

37 Prozent aller Angehörigen der Generation Z in den USA waren schon einmal in psychotherapeutischer Behandlung.

Weißt du eigentlich, was genau die Generationennamen bedeuten, mit denen wir ständig bezeichnet werden? Boomer kennst du, oder? Das sind die sogenannten Babyboomer, die zwischen 1946 und 1964 geboren wurden und das deutsche Wirtschaftswunder, den Boom, miterlebt haben. Danach kommt Generation X der zwischen 1965 und 1979 Geborenen. Die Millennials, auch Generation Y genannt, wurden zwischen 1980 und 1994 geboren. Du gehörst vermutlich der Generation Z an, nämlich jenen, die zwischen 1995 und 2010 zur Welt gekommen sind. Oder bist du vielleicht sogar schon Generation Alpha – also nach 2010 geboren?

18,6 Prozent der 15- bis 19-Jährigen ernähren sich vegetarisch, 1,9 Prozent vegan.

Einvernehmlicher – also freiwilliger – Sex unter Minderjährigen ab 14 ist straffrei. Ist jedoch einer von euch 14, der andere erst 13, fällt das unter sexuellen Missbrauch von Kindern. Das gilt übrigens nicht nur für »richtigen« Sex, sondern auch für sexuelle Handlungen.

Die Frau mit den längsten Beinen der Welt ist Maci Currin – ihr linkes Bein ist 135,2 Zentimeter, das rechte 134,3 Zentimeter lang. Bist du im Ganzen überhaupt schon so groß? Kleiner Scherz ...

Im Laufe der Pubertät verdoppelt sich bei Jungs die Anzahl der Muskelzellen. WTF! Muskelexplosion.

Egal, was deine Eltern sagen: Schielen ist nicht schlecht für die Augen, allerdings können die Augenmuskeln wehtun, wenn sie zu sehr strapaziert werden. Und es sieht halt spooky aus ...

Es gibt eine seltene erbliche Hautkrankheit, bei der einem Warzen wachsen, die sich so verhärten, dass die Haut irgendwann aussieht wie die Rinde eines Baums.

1972 überlebte die jugoslawische Stewardess Vesna Vulović einen Flugzeugabsturz aus 10 160 Metern Höhe.

Ein Londoner Arzt hat berechnet, wer – nach wissenschaftlichen Maßstäben, vor allem in puncto Symmetrie – wirklich schön ist. Das Ergebnis: Das Model Bella Hadid ist die schönste Frau der Welt. Aber mal ehrlich: Perfektion ist doch total überbewertet!

Coca Cola enthielt ursprünglich angeblich mehrere Milligramm Kokain pro Glas – der Konzern bestreitet das allerdings hartnäckig.

»Rotz« hochziehen ist gesünder, als sich die Nase zu putzen. Denn beim Naseputzen gelangen die Viren und Bakterien zum Teil auf unsere Hände und wir können andere damit anstecken. Wenn wir aber das Nasensekret hochziehen, es im Rachen runterlaufen lassen und verschlucken, werden die Bösewichte im Bauch zersetzt. Bitte antworte das deinen Eltern, wenn sie dir mal wieder sagen, du sollst dir ein Taschentuch holen.

Wenn wir uns wehtun und deshalb anfangen zu fluchen und zu schreien, kann das den Schmerz lindern. Es wird auf diese Weise nämlich Cortisol ausgeschüttet – und das lässt uns Schmerzen nicht mehr so stark empfinden.

Chaetophobie ist die Angst vor Haaren. Friseur sollte man da wohl besser nicht werden …

Unser Gehirn verbraucht etwa ein Viertel der gesamten Energie, die wir unserem Körper zuführen – bei Kindern sind es sogar 60 Prozent. Wer abnehmen will, sollte also nicht nur Sport treiben, sondern einfach auch über total komplizierte Sachen nachdenken – oder deine Mathe-Hausaufgaben übernehmen.

Nur 13 Prozent aller Zyklen der weiblichen Periode dauern genau 28 Tage. Alles zwischen 23 und 35 Tagen gilt als normal – wobei es eine Tendenz zu längeren Zyklen gibt.

Der älteste Mensch aller Zeiten war Jeanne Louise Calment aus Frankreich – sie wurde 122 Jahre und 164 Tage alt. Da hast du noch gut 100 Jahre vor dir ... Was fängst du nur an mit all der Zeit? Schreib doch schon mal eine Bucketlist.

Der Startschuss für die Pubertät kommt vom Hypothalamus – das ist ein Teil des Gehirns, der nur etwa so groß ist wie ein Daumennagel. Er gibt einer benachbarten Drüse den Auftrag, Hormone auszuschütten – und schon nimmt die Pubertät ihren Lauf.

Täglich 100 Bürstenstriche sorgen für glänzendes Haar – aber nur weil das Fett von der Haarwurzel über die komplette Haarlänge verteilt wird. Täglich 100 Bürstenstriche sorgen also auch für fettiges Haar.

Rolf Buchholz hat 561 Körperpiercings und gilt als der meistgepiercte Mensch der Welt. Damit angefangen hat er erst mit 40 Jahren. Du hast also noch einige Jahre Zeit, um ihn einzuholen ...

Fühlst du dich auch ständig missverstanden? 71 Prozent der nach 1995 Geborenen geht es genauso wie dir! 68 Prozent sagen außerdem, dass es den vorausgehenden Generationen besser ging als ihnen.

Wenn du ein Piercing oder ein Tattoo willst, brauchst du, bis du volljährig bist, die Einwilligung deiner Eltern.

Jede Vagina sieht anders aus. Zum Beispiel können die inneren Schamlippen zwischen zwei bis zehn Zentimeter lang und bis zu fünf Zentimeter breit sein.

Ähnlich sieht es bei Penissen aus – und es gibt auch von Land zu Land Unterschiede. Der durchschnittliche schlaffe Penis ist in Frankreich zum Beispiel 10,74 Zentimeter lang, in Deutschland nur etwa 8,6 Zentimeter.

Im Jahr 2021 wurden in Deutschland 1826 drogenbedingte Todesfälle polizeilich registriert.

Die Anzahl jugendlicher Drogentoter hat sich in Deutschland seit 2016 verdoppelt.

Als sich der Popsänger Mike Singer zum ersten Mal tätowieren ließ, war er 16 Jahre alt – und er fiel dabei fast in Ohnmacht, so schlecht wurde ihm.

Du sollst dich immer schön gerade hinsetzen, damit du keine Rückenschmerzen kriegst? Aber wer immer kerzengerade sitzt, bekommt auch Schmerzen – wichtig ist »dynamisches Sitzen«, also beim Sitzen trotzdem in Bewegung zu bleiben und die Position immer wieder zu verändern. Sag das mal deinen Eltern, wenn die wieder an dir herumkritteln ...

Der Brite Maxwell Day kann seine Füße fast komplett nach hinten drehen.

Wer leidenschaftlich knutscht, kann fast so viele Kalorien verbrauchen wie beim Joggen – und man hält viel leichter eine halbe Stunde lang durch.

Schweiß stinkt nicht. Eigentlich. Aber die Bakterien auf der Haut fangen an, den Schweiß zu zersetzen. Und das riecht dann so unangenehm.

Die längsten weiblichen Fingernägel – gemessen 2017 – waren damals 576,4 Zentimeter lang. Um sie zu lackieren, waren zwei bis vier Fläschchen Nagellack und 20 Stunden Arbeit nötig.

Es ist ein Mythos, dass Nagellack die Nägel am Atmen hindert. Nägel bestehen nämlich aus totem Horn, das gar nicht atmen kann.

Auch Mädchen kommen in den Stimmbruch, aber während die Stimmbänder von Jungs in der Pubertät rund einen Zentimeter wachsen, sind es bei den Mädchen nur ein paar Millimeter, wodurch die Stimme nur ein bisschen tiefer wird.

Sagen deine Eltern auch immer: »Föhn deine Haare nach dem Schwimmen schön trocken, sonst wirst du in der Kälte krank«? Wenn du nach dem Schwimmbad mit nassen Haaren in die Kälte gehst, wirst du aber nicht wegen der Kälte krank. Die nassen Haare entziehen beim Trocknen deinem Kopf Wärme und ein ausgekühlter Körper kann sich nicht mehr so gut gegen die Angriffe von Viren und Bakterien wehren. Und die machen dich dann krank.

Wenn sich beim Erwachsenwerden dein Gehirn umbaut, ist im präfrontalen Kortex, der für die Vernunftentscheidungen wichtig ist, Dauerbaustelle. Informationen müssen eine Umleitung nehmen – über den Mandelkern (die Amygdala). Der ist aber für Bauchentscheidungen zuständig. Und das ist auch der Grund, weshalb du aktuell vielleicht manchmal impulsiver reagierst als sonst.

Die längste Zunge der Welt ist 10,1 Zentimeter lang – von der Spitze bis zum geschlossenen Mund.

Es ist so gut wie unmöglich, dass ein verlorener Tampon in die Gebärmutter wandert – die Öffnung, der Muttermund, ist viel zu klein. Die Lösung bei einem verschwundenen Tampon: einfach aufs Klo setzen, entspannen und mit dem Finger auf die Suche gehen – zur Not hilft die Frauenärztin.

Wer seine natürliche Bräune durch das Essen von Karotten unterstützen möchte, kann das machen – allerdings muss er dann um die 500 Gramm Karotten täglich verspeisen. Drei Wochen lang. Wer schön sein will, muss bekanntlich leiden – aber wirklich so sehr?

Die Hoden hängen deswegen zwischen den Beinen, damit sie es schön kühl haben. Die Idealtemperatur für die Spermienproduktion liegt nämlich etwa zwei bis vier Grad unter der Körpertemperatur.

Die größten männlichen Teenagerfüße weltweit hatte 2019 der 16-jährige Berliner Lars Motza. Der linke Fuß ist 35,05, der rechte 34,98 Zentimeter lang. Lars trägt Schuhgröße 57. Auf wie großem Fuß lebst du?

Der in der Pubertät stattfindende Umbau im Gehirn sorgt dafür, dass Jugendliche viel kreativer und experimentierfreudiger sind als Erwachsene. Keine wirkliche Neuheit, oder? Hast du bestimmt auch schon gemerkt ...

Die niederländische Familie Zegwaard – Mutter, Vater und drei Kinder – hat eine Durchschnittsgröße von 201,18 Zentimeter. Kann deine Familie da mithalten?

Du bist eher klein? Die indische Schauspielerin Jyoti Amge ist kleiner. Sie ist die kleinste Frau der Welt und nur 62,8 Zentimeter groß.

Die erste Periode eines Mädchens heißt Menarche. Sie setzt irgendwann zwischen dem 9. und 16. Lebensjahr ein. Wichtig dafür ist ein bestimmter Körperfettanteil – erst ab einem Anteil von etwa 17 Prozent ist der weibliche Körper fruchtbar.

Der erste Samenerguss heißt Ejakularche. Die meisten Jungs erleben ihn zwischen dem 11. und 15. Lebensjahr.

Getuschte Wimpern brechen nur dann schneller ab als ungetuschte, wenn du damit schläfst oder die getuschten Wimpern mit einer Wimpernzange bearbeitest.

In der weiblichen Klitoris laufen 8000 Nerven zusammen – in der Eichel des Penis sind es nur etwa 4000.

Es stimmt nicht, dass kreativere Leute eher mit der rechten und strukturierte eher mit der linken Gehirnhälfte denken. Bei kreativen Menschen sind die Gehirnhälften einfach stärker vernetzt.

In der Pubertät können Jungs bis zu zehn Zentimeter wachsen – pro Jahr! Bei Mädchen sind es bis zu neun Zentimeter.

Die größte lebende Frau auf der Welt ist 215,16 Zentimeter groß. Der größte lebende Mann 251 Zentimeter. Was ist deine Traumgröße?

Die meisten Luftballons – innerhalb einer Stunde – aufzublasen, schaffte der US-Amerikaner Hunter Ewen. Sagenhafte 910.

In einem Laborversuch ist es gelungen, Rasierklingen in Magensäure aufzulösen. Selbst ausprobieren würde ich es an deiner Stelle trotzdem nicht.

Trockene Haut kriegt man nicht davon, dass man zu wenig trinkt, sondern von zu trockener Luft oder auch Kälte. Viel trinken schadet aber sicherlich trotzdem nicht.

Bei ihren Erfahrungen mit Sex haben 30 Prozent aller deutschen Mädchen mit 17 Jahren ihr erstes Mal noch vor sich – bei den Jungs sind es 36 Prozent.

Die Merkfähigkeit erreicht mit 19 Jahren ihren Höhepunkt – ab 25 geht es dann wieder bergab.

Unsere stärksten Muskeln haben wir nicht etwa an den Oberarmen oder in den Beinen, sondern im Gesicht – unsere Kaumuskeln.

Einen Samenstau gibt es nicht. Nicht »abgeschossene« Spermien werden vom Körper resorbiert und abgebaut.

Genauso wenig existiert die *Vagina dentata*, also eine mit Zähnen besetzte Vagina, die in vielen asiatischen Mythen auftaucht, um dort vor Sex zu warnen.

Bei Menschen, die unter Hypertrichose, der sogenannten Wolfsmensch-Krankheit, leiden, können bis zu 98 Prozent des Körpers mit Haaren bedeckt sein.

Die größte Zelle im menschlichen Körper ist die Eizelle – eine der kleinsten ist das Spermium, also die Samenzelle.

Der Weltrekord für den längsten Kuss liegt bei 58 Stunden, 35 Minuten und 58 Sekunden. Wie lange hast du schon geknutscht?

Das Pica-Syndrom ist eine Essstörung, bei der Betroffene lauter Sachen zu sich nehmen, die man eigentlich gar nicht essen kann, zum Beispiel Steine, Sand, Kacke …

Wenn du niest, schleudert es deinen »Rotz« mit um die 160 Kilometern pro Stunde durch die Gegend. Na, Mahlzeit.

Kondome sind fürs erste Mal das mit Abstand beliebteste Verhütungsmittel. 77 Prozent der Jugendlichen verlassen sich darauf.

# #

TIKTOK & CO.

DEINE ZEIT AM HANDY

Das Videoportal TikTok wird im Schnitt weit über 1000 Minuten pro Monat genutzt. Was denkst du: Liegst du drüber?

Instagram hieß ursprünglich »burbn«, bevor es 2010 unter seinem heutigen Namen im Appstore landete.

70 Prozent der Teenager glauben Influencern mehr als »normalen« Stars. Und du?

Emojis sind schon ganz schön alt. Schon im 19. Jahrhundert gab es »Setzerscherze«, bei denen vom Setzer mit Zeichen Gesichter gesetzt wurden.

Das indische Musiklabel T-Series hat – Stand 2022 – die meisten Abonnenten auf YouTube – und zwar 230 Millionen.

2015 wurde das Tränen lachende Emoji von der Oxford University Press zum »Wort des Jahres« gewählt.

Nomophobie ist die Angst, ohne Handy zu sein.

Kinder haben ein Recht auf Privatsphäre, deshalb dürfen deine Eltern nicht einfach so dein Handy kontrollieren – wohl aber, wenn sie einen »begründeten Verdacht« haben, dass du zum Beispiel jugendgefährdende Inhalte konsumierst. Wobei »begründet« ja ein ziemlich schwammiger Begriff ist.

Die Einzelperson mit den meisten Abonnenten auf YouTube ist der US-amerikanische MrBeast: 113 Millionen. Schon mal geklickt?

Du denkst, du brauchst lange, bis du das perfekte Selfie hast? Reality-TV-Star und Unternehmerin Kylie Jenner benötigt manchmal 500 Anläufe! Wo liegt dein Rekord?

Die Influencer-Zwillinge Lisa und Lena wurden im Alter von sechs Monaten adoptiert.

Wissenschaftler haben einen Zusammenhang zwischen Depressionen und Instagram-Browsing nachweisen können. Gleichzeitig stellten sie bei Insta-Abstinenz eine Verbesserung der Laune fest.

Bei seiner Gründung 2011 hieß der Messengerdienst Snapchat noch Picaboo.

Der erste Instagram-Post – gepostet am 16. Juli 2010 – war ein Hundefoto. Süüüüß!

Das Gefühl, dass man eine Nachricht bekommen hat, obwohl man gar keine bekommen hat, nennt man Textaphrenie.

Vier Stunden und 44 Minuten benötigte der über 90 Jahre alte Naturforscher und Tierfilmer David Attenborough, um bei Insta auf eine Million Follower zu kommen. Jennifer Aniston hatte noch fünf Stunden und 16 Minuten gebraucht.

Die K-Pop-Band BTS brauchte bei TikTok nur drei Stunden und 31 Minuten um die 1-Million-Follower-Marke zu knacken.

In Deutschland nutzen 60 Millionen Menschen WhatsApp – in Indien 487 Millionen.

Deutsche Jugendliche zwischen 12 und 17 Jahren verbringen im Schnitt 2,5 Stunden täglich mit Social Media. Wie sieht's bei dir aus?

Bei seinem Börsengang 2017 war Snapchat 3,4 Milliarden Dollar wert.

Fast die Hälfte der aktiven Nutzer bei TikTok ist unter 24 Jahre alt.

Social Media nannten deine Eltern noch das »Web 2.0« – gemeint war damit das Internet, »bei dem man mitmachen kann«. Herrlich oldschool, oder?

Snapchat wird von 78 Prozent aller Amerikaner zwischen 18 und 24 genutzt.

Bibi – Bianca Claßen – lud am 2. Dezember 2012 das erste Video ihres Kanals »BibisBeautyPalace« auf YouTube hoch. Um die 30 Millionen Mal wurden ihre Videos bisher aufgerufen.

90 Prozent aller TikTok-User loggen sich täglich ein.

Auf dem YouTube-Kanal von Adam Diddy kannst du sehen, wie alle möglichen Dinge aussehen, wenn sie die Toilette runtergespült werden. Zum Beispiel Müsli. Oder Pizza. Oder eine Festplatte.

Der Vorgänger von Facebook aus dem Jahr 2003 hieß facemash.com – ein öffentliches Bewertungssystem, bei dem das Aussehen von Frauen bewertet werden konnte.

Bibi hatte einen Abischnitt von 2,9 – und unfassbare 400 Fehlstunden. Wahrscheinlich ist es da ein Wunder, dass sie das Abi überhaupt geschafft hat.

Der amerikanische Werbegrafiker Harvey Ball gilt als Erfinder des Smileys und damit als Großvater des Emojis.

Für YouTuber Simon Desue besteht ein perfekter Tag aus: Aufstehen, Essen – und wieder Schlafen. Hört sich nach einem guten Tag an, oder?

Als Insta 2012 von Facebook übernommen wurde, hatte es gerade einmal zwölf Mitarbeiter.

Täglich werden bei Snapchat 5 Milliarden Snaps verschickt.

90 Prozent der 16- bis 19-Jährigen nutzen WhatsApp.

Die Influencerin Pamela Reif stand 2020 auf Platz eins der *Forbes*-List »30 Under 30 DACH«, also der Liste jener Deutschen, Österreicher und Schweizer, die unter 30 sind und schon Außergewöhnliches erreicht haben. Wäre es nicht mega, auch mal auf dieser Liste zu landen?

Ein Wiki ist die Sammlung von Informationen und Beiträgen im Internet, die von den Nutzern nicht nur gelesen, sondern auch selbst bearbeitet werden können – so wie die Online-Enzyklopädie Wikipedia.

Fast die Hälfte der aktiven Nutzer bei TikTok stammt aus China.

Gerade einmal 21 Prozent der 16- bis 18-Jährigen nutzen Twitter – nur Facebook wird von dieser Gruppe noch weniger genutzt. Wie sieht es bei dir aus?

363 Millionen Menschen nutzen Snapchat – es wächst damit schneller als Facebook und Twitter.

Als TikTok noch musical.ly hieß, waren dort angeblich besonders viele Pädophile unterwegs – der Grund, weshalb die App auch umbenannt wurde.

13,7 Millionen Menschen sind in Deutschland täglich bei Snapchat aktiv, in ganz Europa sind es 88 Millionen.

TikTok heißt in China Douyin.

Im Finale der Escape-Show *Get Away* von Monte aka MonatanaBlack brach sich eine Influencerin beide Arme.

Der Kackhaufen-Emoji wird von vielen Nutzern für einen Schokoeis-Emoji gehalten. Hmm, lecker ...

Die erste Einzelperson, die bei YouTube die 100-Millionen-Abonnenten-Marke geknackt hat, war der 1989 geborene Schwede PewDiePie.

Der YouTuber laserluca mit sagenhaften 4,84 Millionen Abonnenten heißt eigentlich Luca Tilo Scharpenberg.

67 Prozent der deutschen Snapchat-Nutzer haben keinen Facebook-Account.

Der Gründer von TikTok – oder besser gesagt Douyin – ist der 50 Milliarden schwere IT-ler Zhang Yiming.

Der »Baby Shark Dance« von Pinkfong Kids' Songs & Stories ist das meistgesehene YouTube-Video aller Zeiten. Es wurde öfter aufgerufen als es Menschen auf dieser Welt gibt.

Etwa jeder fünfte Schüler ist in Deutschland von Cybermobbing betroffen. Kennst du jemanden – oder bist du selbst schon mal online gemobbt worden?

TikTok wurde bereits über drei Milliarden Mal heruntergeladen.

In dem Buch *Book from the Ground* des chinesischen Künstlers Xu Bing gibt es statt Schriftzeichen nur Emojis. Es geht darin um das Leben eines Angestellten.

Über zwei Milliarden Menschen weltweit nutzen WhatsApp. WhatsApp ist damit die beliebteste Messenger-App weltweit – noch vor dem chinesischen Weixin, auch bekannt als WeChat.

Der Sohn von Bibi und Julienco heißt Lio.

Im Schnitt verbringen Nutzer 30 Minuten täglich bei Snapchat.

Bis Juli 2011 wurden 100 Millionen Fotos auf Insta hochgeladen, einen Monat später waren es schon 150 Millionen.

Das erste YouTube-Video – hochgeladen am 23. April 2005 – zeigt Mitgründer Jawed Karim im Zoo und heißt – Überraschung –: »Me at the Zoo«.

Die Gründer von YouTube arbeiteten vorher beim Online-Bezahldienst PayPal.

Der Sohn von Twitter-Chef Elon Musk heißt X Æ A-XII. Äh, okay. Vielleicht hat er ja noch einen Spitznamen, der leichter auszusprechen ist.

Ende 2022 war der Account von Khabane Lame mit rund 152 Millionen Followern der erfolgreichste TikTok-Account.

TikTok selbst hatte »nur« um die 67 Millionen Follower.

Der 17. Juli ist der Welt-Emoji-Tag.

Unter Einstellungen/Speicher und Daten/Netzwerknutzung kannst du bei WhatsApp sehen, wie viele Nachrichten du schon versandt – und empfangen – hast. Wie viele sind es denn?

Lust auf einen InstaWalk? Das ist ein gemeinsamer »Spaziergang«, bei dem alle Teilnehmer Fotos unter einem bestimmten Hashtag posten. Hashtag nennt man das betreffende Schlagwort, dem ein Rautezeichen vorausgeht.

Das »Wiki« in Wikipedia kommt aus dem Hawaiianischen und bedeutet »schnell«.

Rund 30 Mal pro Tag öffnen Snapchat-User die App im Schnitt.

MUSIK & PARTY

UND NOCH MEHR SPASS ...

Seit dem 21. Januar 2018 gibt es den Erfolgsfilm *Fack ju Göhte* auch als Musical.

Wissenschaftler haben herausgefunden, was einen attraktiven männlichen Tanzstil ausmacht: Zum einen Abwechslung und Spielraum der Bewegungen von Nacken und Rumpf, außerdem die Geschwindigkeit der Bewegungen des rechten Knies.

Das älteste Spielbrett wurde in einem Grab in Ägypten entdeckt. Es war über 3000 Jahre alt. Ziel des Spiels war es, sich mit dem Sonnengott wiederzuvereinigen – also im Grunde ein altmodisches Leiterspiel.

Die Glückszahl von Taylor Swift ist 13 – schließlich ist sie an einem 13. geboren: dem 13. Dezember 1989.

Mit den 54 Konzerten ihrer *Love Yourself: Speak Yourself*-Tour nahmen BTS 209 Millionen Dollar ein.

Die verschiedenen Puzzlestücke, die der britische Singer-Songwriter Ed Sheeran auf seinen linken Unterarm tätowiert hat, stehen für seine besten Freunde.

Popsänger Justin Bieber leidet unter Platzangst – deswegen erträgt er es auch nur schwer, mit vielen Menschen in einem Fahrstuhl zu stehen. Er fängt an zu schwitzen und wird richtig nervös. Gibt es etwas, vor dem du so richtig Angst hast?

Den ersten Ballermann-Award – also den Musikpreis für Partyschlager – erhielt 2006 der Wendler. Am häufigsten gewonnen – und zwar bisher sechs Mal – haben Mickie Krause und Tim Toupet. Tim Toupet dabei übrigens fünf Mal in Folge.

Die Sängerin Kim Petras – 1992 als Tim Petras in Köln geboren – war die jüngste Person, die geschlechtsangleichend operiert wurde. Sie war damals 16 Jahre alt.

Ein »All-Kill« ist ein Titel, der es in allen koreanischen Charts auf Platz eins schafft – und zwar gleichzeitig.

Ballermann ist eine Verballhornung des spanischen Worts *balneario*, was mehr oder weniger »Spa« bedeutet.

Der deutschsprachige Rapper Capital Bra wurde in Sibirien geboren und wuchs in Dnipropetrowsk in der Ukraine auf. Sein bürgerlicher Name ist Vladislav Balovatsky. Mit sieben Jahren zog er mit seiner Mutter nach Berlin, wo er im Laufe der Jahre nicht nur mehrere Jugendstrafen verbüßte, sondern auch die Schule nach der neunten Klasse abbrach.

Der Name »Sido« ist eine Abkürzung für »Scheiße in dein Ohr«. Beziehungsweise war es das früher, heute möchte der Rapper seinen Namen gerne als »super-intelligentes Drogenopfer« gelesen haben.

Die Oma von Taylor Swift war Opernsängerin – weshalb auch Taylor sich schon früh für Musik begeisterte. Andernfalls wäre sie vielleicht Malerin geworden, Malen liebt Taylor Swift nämlich auch sehr.

Capital Bra schaffte es 2019 mit unschlagbaren zehn Hits auf Platz eins der Singlecharts.

Kaley Cuoco aus der Sitcom *Big Bang Theory* hat sechs Pferde und schon die ein oder andere Medaille beim Turnierreiten gewonnen.

Um auch auf jeden Fall Tickets für die BTS-Tour zu bekommen, meldete sich ein Mädchen in England auf allen 24 Schul-PCs an. Das Schulsystem stürzte ab und das Mädchen bekam Ärger.

Bei einem Urlaub in Paris vergaß Influencerin Bibi Claßen ihr Handy im Taxi – mit sämtlichen Fotos, Videos, Erinnerungen. Wie gut, dass es ehrliche Menschen gibt: Die Taxifahrerin gab das Handy im Hotel ab.

An Weihnachten kauft der Großvater von Popsänger Wincent Weiss säckeweise Süßigkeiten ein und für jeden gibt es dann einen fetten Teller voller Naschsachen. So lässt es sich aushalten, oder?

Shirin Davids Vater verließ die Familie und war nie wirklich für seine Tochter da – eine wirkliche Beziehung hat die Rapperin zu ihm nicht, dafür ist das Verhältnis zu ihrer Mutter umso enger.

Aufgepasst beim Tätowieren! Ariana Grande wollte sich eigentlich den Titel eines ihrer Songs – »7 Rings« – auf Japanisch tätowieren lassen. Leider wurde daraus: »kleiner Grill«. Wie gut, dass sich das Ganze korrigieren ließ.

Nico Santos heißt eigentlich Nico Wellenbrink, aber weil seine Familie nach Mallorca zog, als er zwei Monate alt war, entschied sich der Singer-Songwriter für den spanischen Künstlernamen, der »Heilige« bedeutet.

Die Eltern des Rappers Mero stammen zwar aus der Türkei – er selbst wurde aber in Rüsselsheim geboren, unter dem bürgerlichen Namen Enes Meral.

Florian Sump von der Band Deine Freunde war schon in den Neunzigern mit der Teenager-Band Echt irre erfolgreich – dazwischen war er unter anderem Wurstverkäufer und Kindergärtner.

Vier Jahre und 130 Tage war Archie Norbury alt, als er über eine Stunde lang in einem Hongkonger Club als DJ auftrat. Kein Wunder – sein Vater John Norbury ist selbst DJ. Was würdest du auflegen, um eine Party richtig zum Eskalieren zu bringen?

Die US-amerikanische Sängerin Katy Perry schenkte 2010 ihrem damaligen Boyfriend Russell Brand einen Trip ins Weltall – für 200 000 Dollar. Bisher ist er jedoch nicht geflogen.

Mehr als 2,5 Millionen Aufrufe innerhalb einer Woche – das gelang dem US-amerikanischen Rapper Silentó (bürgerlicher Name Ricky Lamar Hawk), als sein Lehrer seine Debütsingle »Watch me« 2015 online stellte.

Sänger und Songwriter Mark Foster besitzt angeblich um die 200 Basecaps.

In einer TV-Show wurde Justin Bieber vor eine knifflige Wahl gestellt: Er sollte entweder die BFFs seiner Frau Hailey ranken oder ein Stück Ochsenpenis essen. Er wählte das Ranking und verdarb es sich dadurch mit Cara Delevingne, die in seinem Ranking auf Platz drei hinter Kendall Jenner und Gigi Hadid landete.

Taylor Swifts Familie hatte mehrere »Weihnachtsbaumfarmen«, mit denen sie ihr Geld verdiente.

Ariana Grande war in der Schule eine richtige Streberin. Hatte sie nicht alle Punkte, war sie total enttäuscht. Wie bist du so in der Schule? Nerd, Klassenclown oder Null-Bock-in-der-letzten-Bank?

Sängerin Billie Eilish hat Angst im Dunkeln – schließlich könnten ja irgendwelche Monster unter ihrem Bett lauern. Aber mal ernsthaft: Hast du dir schon mal überlegt, was passieren würde, wenn du zur Kontrolle unters Bett schaust und es hockt tatsächlich jemand darunter? OMG!

Shawn Mendes sang schon in der Schule ständig – allerdings fanden das die anderen gar nicht so toll. Er wurde ständig ausgelacht. Aufgehört zu singen hat er trotzdem nicht. Was für ein Glück!

Taylor Swift hatte keine Lust, mit den »normalen« Leuten zu trainieren und ließ deshalb ein Fitnessstudio in LA räumen, um ihre Ruhe zu haben. Dumm nur, dass auch Justin und Hailey Bieber gerade am Trainieren waren. Die weigerten sich zu gehen und beendeten ihr Work-out noch.

Sänger Justin Timberlake wurde wegen seiner krass schlechten Haut in der Schule Pizzagesicht genannt. Gehörst du auch zur Kategorie »Hässliches Entlein«? Dann wirst du bestimmt auch einmal ein schöner Schwan!

Der US-Amerikaner Tai Star Valianti schaffte es 2019 insgesamt 353 Steine des Geschicklichkeitsspiels *Jenga* auf einem hochkant stehenden Stein zu balancieren. Das Ergebnis sah aus wie eine auf dem Kopf stehende Pyramide. Wie viele du wohl schaffst? Mehr als zehn?

Mike Singer nahm 2013 an der Castingshow *The Voice Kids* teil und schaffte es ins Team von Lena. Lukas Rieger 2014 übrigens auch.

2020 erreichte das Spiel *Fortnite* die Anzahl von 350 Millionen Spielern und feierte das Ganze mit einem Festival der besonderen Art: Im Spiel fanden zwischen dem 9. und 11. Mai 2020 diverse Konzerte statt – natürlich im Party-Modus, in dem Spieler sich nicht gegenseitig umbringen können.

574 Menschen frühstückten am 30. März 2019 in Johannesburg zusammen im Bett. Da wäre ich ja auch megagern dabei gewesen.

Der irische Sänger Rea Garvey saß in der Jury von *Unser Star für Oslo* – dem ESC-Vorentscheid, den Lena Meyer-Landrut gewann, um dann beim Eurovision Song Contest in Oslo abzuräumen.

Im Fach »Komponieren« bekam Ed Sheeran während seines Studiums eine Sechs.

Rihannas erster Kuss war absolut widerlich und mit ganz viel Sabber, den der Junge in ihren Mund schob. Bäh!

Kim Kardashian ist eine gute Reiterin und lässt auch ihre Kinder regelmäßig reiten. Ihr Ex Kanye West dagegen hat es nicht so wirklich drauf und ist angeblich schon mehrmals vom Pferd gefallen.

Das Mitglied einer K-Pop-Gruppe, das dir am besten gefällt, kannst du »Bias« nennen. »Maknae« ist das jüngste Mitglied – das »Küken«. Das hübscheste Mitglied ist »Ulzzang«, wörtlich »das beste Gesicht«.

Der Begriff »Ballermann« steht seit 2004 im Duden. Klar – ist Grundwissen der Deutschen.

Als Kind verkleidete sich Nico Santos gerne als Michael Jackson und tanzte dessen berühmte Tanzmoves nach.

Beim Boxtraining hat Sängerin und Schauspielerin Demi Lovato ihrem Trainer einmal einen Zahn ausgeschlagen. Uppsi!

Angeblich spart Ed Sheeran den Großteil seines Geldes und überweist sich im Monat nur 1500 Euro.

Vor seinem Sieg bei DSDS schlug Pietro Lombardi sich mit Mini-Jobs durch.

Ein Jurastudent aus Niedersachsen hat sich den Begriff »Ballermann« 1994 für 800 Mark schützen lassen und wurde dadurch Millionär.

Justin Bieber hat einen Hofnarr auf den Unterarm tätowiert – er steht für die Streiche, die er anderen gerne spielt. Welches Tattoo wäre für dich total passend?

Als Lady Gaga an der Uni war, gab es eine eigene Facebook-Gruppe, in der ihre Mitschüler über sie lästerten. Total fies, oder? In der Gruppe schrieben sie auch: »Stefani Germanotta, du wirst nie berühmt sein!« Sieht so aus, als wäre da jemand eines Besseren belehrt worden.

Ariana Grande hat ihren Weihnachtsbaum schon einmal verkehrt herum aufgehängt. Nun, hat sicherlich was …

Justin Bieber ist genervt von seiner Mutter – schließlich erzählt die offenbar überall herum, sie allein sei verantwortlich für seine Karriere. Schön, dass auch Stars manchmal von ihren Eltern angenervt sind.

Zwei Jahre waren Shawn Mendes und Camila Cabello – Sänger des Sommerhits »Señiorita« – ein Paar. Für ihren 23. Geburtstag organisierte er ihr sogar eine Party unter dem Motto »Aschenputtel«.

Der Titel seiner Autobiografie *Alles oder nix* ist auch der Name des Hip-Hop-Labels des Rappers, Unternehmers, Produzenten und, und, und ... Xatar.

Lena konnte nur am ESC-Vorentscheid teilnehmen, weil ihre Oma bei einem Kreuzworträtsel 50 Euro gewann. Als Dank für die Hilfe bei dem Rätsel gab die Oma ihr 25 Euro, mit der Lena die Zugfahrt von Hannover nach Köln bezahlte – der Rest ist Geschichte.

Rapper Sido und Sänger Menowin Fröhlich sind verwandt – ihre Großeltern waren Geschwister.

Um K-Pop-Superstar zu werden, bewerben sich in Korea schon Jugendliche im Alter von zwölf Jahren mit der Hilfe ihrer Eltern bei den großen Agenturen wie SM Entertainment. Allerdings geraten diese immer wieder in die Kritik, weil sie den Stars, die bei ihnen unter Vertrag stehen, angeblich zu viel Druck machen. 2017 brachte sich Jonghyun aus der Boygroup SHINee sogar um.

INTERNET, GAMING & E-SPORTS

YEAH! IT'S SPORT!

2019 gewannen die beiden *Fortnite*-Spieler Aqua und Nyhrox die Weltmeisterschaft als Duo, trennten sich aber kurz darauf. Angeblich schoss Aqua Nyhrox wegen schlechter Leistungen ab.

Der Name Pokémon steht für »Pocket Monster«. Damit das E auch ordentlich ausgesprochen wird und nicht stumm ist, wie im Englischen üblich, bekam es einen Akzent, also den Strich auf dem E.

»Ich denke, dass es auf der Welt einen Bedarf für vielleicht fünf Computer gibt« – diese Schätzung stellte Thomas Watson, der Gründer des US-amerikanischen IT-Unternehmens IBM im Jahr 1943 auf.

Während 2017 gerade einmal die Hälfte der Befragten schon einmal von E-Sports, also Wettkämpfen in Computerspielen, gehört hatte oder wusste, was das ist, waren es 2020 immerhin fast schon drei Viertel der Befragten.

2021 belief sich die Anzahl an weltweit verkauften PCs auf etwa 340 Millionen Stück. Wie viele Computer habt ihr allein bei euch daheim herumstehen? Die alten Laptops auf dem Dachboden nicht vergessen!

Gerade einmal zwei Wochen nach seiner Veröffentlichung erreichte der »Free-to-play-Battle-Royale-Modus« von *Fortnite* über 10 Millionen Spieler.

1990 entwickelte der britische Physiker und Informatiker Tim Berners-Lee am europäischen Kernforschungszentrum CERN das WorldWideWeb, den ersten Webbrowser, der später in Nexus umbenannt wurde.

Sender und Empfänger der allerersten E-Mail war im Jahr 1971 tomlinson@bbntenexa. Hinter dieser Adresse verbarg sich der US-amerikanische Informatiker Ray Tomlinson.

Das Volk der Tauren bei dem Computerspiel *World of Warcraft* ist sehr naturverbunden – das verrät schon der Name: »Tauren« ist ein Anagramm von »Nature«. Anagramm nennt man ein Wort, dessen Umstellung der Buchstaben ein neues Wort ergibt.

Die erste Internetkamera der Welt wurde 1991 in Harvard installiert. Sie hatte den Zweck, den Füllstand der Kaffeemaschine vom eigenen Rechner aus überprüfen zu können.

Das »Candy Crush Addiction Rehabilitation Institute« in Großbritannien, eine Entzugsklinik für alle, die nach dem Computerspiel *Candy Crush Saga* süchtig sind, gab es nie wirklich. Es war nur ein Hoax.

Was ein Hoax ist? Eine Falschmeldung.

Klickst du beim Googeln immer auf eines der ersten Suchergebnisse? Das ist typisch für die Generation Z – die Wahrscheinlichkeit, dies zu tun, nimmt proportional zum Alter ab.

Der erste *Fortnite*-Solo-Weltmeister war Bugha aka Kyle Giersdorf. Der 16-Jährige wurde so auf einen Schlag Millionär.

Der beste Weg, um zu überprüfen, ob eine Information richtig ist oder ob es sich vielleicht um Fake News handelt, also vorgetäuschte Nachrichten, ist, sie zu googeln. Dann kannst du erkennen, wie verbreitet die Info ist und ob der »Absender« seriös ist. Gerade weitergeleitete Sprachnachrichten, bei denen du nicht weißt, wer der Sprecher ist, solltest du also immer kritisch hinterfragen.

Weit über 50 Prozent des Internetverkehrs sind auf Streaming, also Video- oder Audioübertragung, zurückzuführen – für die nächsten Jahre wird ein Anstieg auf bis zu 80 Prozent erwartet.

Das Computerspiel *Minecraft* wurde von einem Schweden entwickelt – dem Programmierer Markus »Notch« Persson, der 2014 nach dem Verkauf seines Entwicklerstudios an Microsoft erstmals auf der Liste der reichsten Menschen der Welt auftauchte.

Der Schutzpatron der Internet-Surfer und Programmierer ist der heilige Isidor von Sevilla.

Das WWW ist nicht das Internet, sondern nur eine Nutzungsmöglichkeit. Andere Nutzungsmöglichkeiten sind zum Beispiel E-Mails und Streaming.

46 Prozent aller »neuen« Paare lernen sich heutzutage im Internet kennen.

Vorgänger des Internets ist das 1969 entstandene ARPANET (Advanced Research Projects Agency Network), das Universitäten und Forschungseinrichtungen miteinander vernetzte.

Das erste Pokémon, das von den Entwicklern entworfen wurde, war Rizeros.

91 Prozent aller livegestreamten Stunden im Jahr 2021 wurden beim Live-Streaming-Videoportal Twitch gestreamt.

Bei *Minecraft* beruhigt Rauch Bienen. Ein unter dem Stock platziertes Feuer kann deshalb nützlich sein, um sie ruhig zu halten. Allerdings greifen die Bienen sowieso nur an, wenn sie selbst angegriffen werden.

48 Stunden, 49 Minuten und 41 Sekunden spielte der Brite Chris Cook 2014 das Videospiel *FIFA*. Er schlug damit den bisherigen Rekord um rund eine Stunde.

Das Pokémon Glumanda mag es, wenn es heiß ist – und bei Regen beginnt seine Schwanzspitze zu dampfen.

Der Enderman in *Minecraft* geht auf den Slenderman zurück – eine unheimliche schlanke Figur, die angeblich nachts unterwegs ist und Kindern auflauert. Die Schreckensgestalt des Slendermans wurde für einen Internet-Fotowettbewerb erfunden.

Die rothaarige Figur, die bei *Candy Crush Saga* unter anderem durchs Tutorial führt und Hilfestellung gibt, heißt Mr Toffee.

Sechs Mediengeräte nutzen Digital Natives, also Leute, die wie du in einer digitalen Welt aufgewachsen sind, im Schnitt. Zähl mal durch – auf wie viele kommst du?

Knapp jeder fünfte Computerspieler in Deutschland tritt auch bei Wettkämpfen an. Du auch?

Alan Turin, einer der einflussreichsten Theoretiker der frühen IT (Informationstechnologie), war homosexuell und musste sich einer Hormonbehandlung unterziehen. Vermutlich infolgedessen beging er Selbstmord – mit einem mit Zyanid vergifteten Apfel.

Die Explosion eines Creepers bei *Minecraft* hat die Stärke 3 – ein geladener Creeper hat eine doppelt so große Explosionswirkung.

Das erste Konsolenvideospiel mit Speichermöglichkeit war 1987 *The Legend of Zelda*.

Fast ein Viertel der Softwares auf deutschen PCs ist illegal. In China sind es allerdings fast 75 Prozent.

Der britische Gamer Jaden Ashman trainiert bis zu zehn Stunden täglich – und war mit gerade einmal 15 Jahren der jüngste Gamer, der bei einem Einzel-E-Sport-Turnier mehr als eine Million Dollar gewann.

Bluetooth – eine Datenübertragung auf kurze Distanz – wurde benannt nach dem dänischen König Harald Blauzahn – das Logo setzt sich aus den entsprechenden Runen für H und B zusammen. Blauzahn besaß nämlich die Fähigkeit, verschiedene Gruppen zu einem großen Netzwerk zu vereinen.

2021 unterschrieb der achtjährige *Fortnite*-Gamer Joseph Deen seinen ersten Profi-Vertrag. Nicht schlecht, oder?

Sonic the Hedgehog hat auf Twitter über sechs Millionen Follower.

Mit 238 Millionen Verkäufen (Stand: November 2022) ist *Minecraft* das meistverkaufte Computerspiel aller Zeiten.

Der Battle-Royale-Modus bei *Fortnite* war angeblich eine spontane Entscheidung und wurde innerhalb kürzester Zeit entwickelt. Auch die Entscheidung, den Modus kostenlos anzubieten, fiel spontan.

Bei dem E-Sports-Event »ESL ONE Cologne« pilgern jährlich 15 000 Fans nach Köln, um ihren Helden beim Computerspiel *Counter-Strike: Global Offensive* – kurz CS:GO – anzufeuern.

Das Pokémon Tragosso trägt angeblich den Schädel seiner toten Mutter auf dem Kopf.

Bei *Minecraft* gibt es auch Riesenzombies, diese besitzen jedoch keine künstliche Intelligenz, weshalb sie sich nicht bewegen oder Spieler angreifen können.

»Es gibt nichts Neues mehr. Alles, was man neu erfinden kann, ist schon erfunden.« Das sagte 1899 angeblich ein Mitarbeiter des US-Patentamts. Okay …

Der erste Ego-Shooter wurde 1974 veröffentlicht. Er trug den Namen *Maze War*. Als Ego-Shooter bezeichnet man ein Spiel, bei dem der Teilnehmer die Perspektive des von ihm gesteuerten Kämpfers einnimmt.

Der meistverkaufte Ego-Shooter ist heute *Counter-Strike: Global Offensive*, die bestverkaufte Ego-Shooter-Serie *Call of Duty*.

1981 orakelte Microsoft-Gründer Bill Gates: »640 Kilobytes sind alles, was irgendeine Anwendung jemals benötigen sollte.« Welchen Speicher hat noch mal dein Handy?

Der erste tragbare Apple-Rechner, der Macintosh Portable, wog 7,2 Kilogramm. Witzig, was man vor 30 Jahren als »tragbar« bezeichnete ...

2021 kaufte angeblich ein chinesischer Käufer zwei *Counter-Strike*-Waffenskins, also benutzerdefinierte Texturen, um Veränderungen des Aussehens herbeizuführen, für 780 000 Dollar.

Minecraft sollte ursprünglich »Höhlenspiel« heißen.

Mit dem Videospiel *Super Mario Maker* können Spieler sich ihre ganz persönlichen Super-Mario-Levels gestalten. Welche Abenteuer würdest du deinen Helden bestehen lassen?

In den 50 meistverkauften Videospielen taucht eine Figur am häufigsten auf: Super Mario. Von *Sonic the Hedgehog* gibt es die meisten Jump'n'Run-Videospiele – bei denen sich die Figur springend und laufend vorwärtsbewegt.

Die Intel Extreme Masters (IEM) sind die höchste Spielklasse der Electronic Sports League und werden seit 2007 ausgetragen.

2018 wurde der US-Amerikaner Joseph Saelee der jüngste *Tetris*-Weltmeister. Er war damals 16 Jahre alt. Vielleicht kannst du deine Eltern ja doch noch überreden, professioneller Gamer zu werden.

Der erste Creeper bei *Minecraft* ist angeblich dadurch entstanden, dass bei der Herstellung von Schweinen die falschen Maße eingegeben wurden.

95 Milliarden Dollar soll die *Pokémon*-Serie eingespielt haben.

Die esports player foundation fördert und unterstützt junge Gamer-Talente bei der Verfolgung ihres Traums von der Profikarriere, um diese zu Vorbildern für andere Jugendliche zu machen.

Unglaubliche 5,9 Milliarden Dollar zahlte das US-Computerspielunternehmen Activision Blizzard bei der Übernahme seines britischen Konkurrenten King Digital Entertainment – dem Erfinder von *Candy Crush Saga*.

Bei *Minecraft* gibt es auch »böse Dorfbewohner«, Illager genannt. Sie leben meist im Wald und haben keine besonderen Eigenschaften.

Bei vielen erfolgreichen E-Sportlern fällt die Leistungskurve nach ein oder zwei leistungsstarken Jahren häufig ab. Womit bewiesen wäre: E-Sport fordert seinen Tribut. Oder haben manche Gamer dann einfach keinen Bock mehr?

... Vor allem, wenn Gamer schon genügend Kohle gescheffelt haben. So ging es zum Beispiel beim Dota-2-Turnier »The International« 2021 in Bukarest um ein Gesamtpreisgeld von etwa 40 Millionen US-Dollar.

POLITIK & MENSCHEN, DIE GESCHICHTE SCHRIEBEN ... UND SCHREIBEN

Die pakistanische Kinderrechtsaktivistin Malala Yousafzai war 17 Jahre alt, als sie mit dem Friedensnobelpreis ausgezeichnet wurde.

Greta Thunberg war 2019 – mit 16 – für den Friedensnobelpreis nominiert. Ausgezeichnet wurde jedoch der äthiopische Politiker Abiy Ahmed, der inzwischen seit Jahren in Tigray Krieg führt. Das soll mal einer erklären ...

37 Prozent aller 12- bis 25-Jährigen in Deutschland engagieren sich in einem Verein, 13 Prozent bei einer Jugendorganisation, 8 Prozent bei einem Rettungsdienst oder der Freiwilligen Feuerwehr und weitere 8 Prozent bei einer Hilfsorganisation. Bist du irgendwo aktiv?

Am 20. November 1989 wurde das Übereinkommen über die Rechte des Kindes, kurz UN-Kinderrechtskonvention, von der UN-Generalversammlung angenommen. Am 2. September 1990 trat sie in Kraft. Diese Kinderrechtskonvention besagt zum Beispiel, dass Kinder ohne Gewalt aufwachsen dürfen. Wer ein Kind schlägt, macht sich also strafbar. Doch nicht nur das: Du hast auch ein Recht auf Freizeit, Spiel und Erholung.

Im deutschen Grundgesetz stehen Kinderrechte nicht – 2021 fanden sich nicht genug Bundestagsabgeordnete, die das für richtig hielten. Verrückt, oder?

Dafür steht im BGB (Bürgerliches Gesetzbuch) aber, welche Pflichten Kinder haben, zum Beispiel ihren körperlichen Möglichkeiten entsprechend im Haushalt – oder auch im Geschäft – mitzuhelfen.

Nach der Jugendweihe mit 14 Jahren mussten die Jugendlichen in der DDR, der Deutschen Demokratischen Republik, vom Lehrer mit »Sie« angesprochen werden. Wie ist das bei dir in der Schule?

Im 16. Jahrhundert trugen alle Kinder Kleider – auch die Jungs. Erst wenn sie größer wurden, durften sie Hosen tragen.

Die Grünen-Abgeordnete Anna Lührmann war 2002 mit 19 Jahren die jüngste jemals in den Bundestag gewählte Abgeordnete.

Mit gerade einmal neun Jahren gründete der US-Amerikaner Moziah Bridges sein eigenes Unternehmen – und zwar weil er nichts fand, das seinem persönlichen Stil entsprach. Jetzt vertreibt er unter anderem stylishe Fliegen (also nicht die Tiere – sondern die Dinger, die man statt Krawatte tragen kann).

Schon ab sieben Jahren dürfen Kinder selbstständig Geschäfte abschließen, ohne ihre Eltern zu fragen – sofern sie ihr eigenes Geld verwenden. Geregelt ist das Ganze durch den sogenannten Taschengeldparagraphen §110 des Bürgerlichen Gesetzbuches (BGB).

Die Freiheitsstatue ist eigentlich kupferfarben – also wie die Cent-Münzen rötlich glänzend. Aber weil das Material oxidiert, wurde die Statue über die Jahre hinweg grün, so wie du sie heute kennst.

Schon mal einen falschen Knopf gedrückt und alles gelöscht, die falsche Person angerufen oder irgendwie sonst Mist gebaut? 1945 versank ein deutsches U-Boot, weil der Kommandant auf dem Klo den falschen Knopf drückte und so ein Ventil öffnete. Hört sich fast zu bescheuert an, um wahr zu sein, oder?

Gerade einmal neun Jahre war Tutanchamun alt, als er Pharao von Ägypten wurde. Forscher gehen davon aus, dass er zwischen 18 und 20 Jahre alt war, als er starb. Seine Verletzungen weisen auf einen Unfall hin. Berühmt wurde Tutanchamun 1922, als der Archäologe Howard Carter im Tal der Könige sein Grab entdeckte, in das bislang noch keine Plünderer eingedrungen waren.

Der deutsche dm-Erbe Kevin David Lehmann war 2022 mit einem geschätzten Vermögen von 3,3 Milliarden US-Dollar der jüngste Milliardär der Welt.

Aktuell sind weltweit über 100 Millionen Menschen auf der Flucht – 41 Prozent dieser Flüchtlinge sind minderjährig.

Im November 2022 wurde das Wahlalter für die Europawahl auf 16 Jahre gesenkt. Findest du, man sollte mit 16 auch schon bei den Bundestagswahlen wählen dürfen?

George W. Bush, der ehemalige Präsident der Vereinigten Staaten, war früher Cheerleader.

14 Jahre alt war Ahmed Mohamed, als er eine selbstgebastelte Uhr mit in die Schule brachte, die vom Lehrer prompt für eine Bombe gehalten wurde. Ob es wohl daran lag, dass der Junge dunkelhäutig und Muslim ist? Er erhielt daraufhin eine Einladung vom damaligen US-Präsidenten Barack Obama persönlich – wohl als eine Art Entschuldigung.

In den Monaten vor seinem Tod war Adolf Hitler »voll drauf«. Sein Leibarzt verschrieb ihm ständig neue Medikamente – darunter richtige Drogen.

Der römische Kaiser Elagabal war um die 14 Jahre alt, als er nach einem Militärputsch gegen seinen Vorgänger Macrinus im Jahr 218 an die Macht kam. Während seiner vierjährigen Herrschaft wurde er zum Inbegriff von Dekadenz und Lasterhaftigkeit und wurde am 11. März 222 schließlich von Soldaten ermordet.

Die letzten Worte des Widerstandskämpfers gegen die Diktatur des Nationalsozialismus Hans Scholl – Mitbegründer der Weißen Rose – waren: »Es lebe die Freiheit.« Er wurde am 22. Februar 1943 in München hingerichtet.

80 Prozent aller 14- bis 24-Jährigen in Deutschland möchten am politischen Geschehen teilhaben. Sie tun das unter anderem in Form von Online-Unterschriftenaktionen (28 Prozent) oder Demonstrationen (13 Prozent). Wo bist du schon einmal politisch aktiv geworden?

Mit 13 Jahren dürfen Kinder arbeiten – allerdings nicht mehr als zwei Stunden pro Tag, es dürfen keine schweren Tätigkeiten sein und deine Eltern müssen zustimmen. Ab 14 darfst du einen Ferienjob für bis zu vier Wochen annehmen.

Greta Thunberg ist nicht die Einzige, die schon als Kind auf die Gefahren der Klimakrise aufmerksam machte – 1992, mit zwölf Jahren, sprach die kanadische Umweltaktivistin Severn Cullis-Suzuki sechs Minuten bei der ersten Konferenz der Vereinten Nationen über Umwelt und Entwicklung in Rio de Janeiro. Was würdest du sagen, wenn du die Gelegenheit hättest, vor einem politischen Gremium deiner Wahl zu sprechen?

Seit 1972 darf man in Deutschland ab 18 wählen. Vorher musste man 21 Jahre alt sein, um wählen zu dürfen.

14 Jahre alt war die transsexuelle US-amerikanische LGBT-Aktivistin Jazz Jennings, als sie mit ihrer Realityserie *I Am Jazz* an den Start ging, in der sie von ihrem Leben als Transgender berichtet. LGTB steht übrigens für »Lesbian, Gay, Bisexual, Transgender«.

Die UN-Klimakonferenz 2015 hatte sogar einen eigenen Song: *Speak for the Trees* – von Xiuhtezcatl Roske-Martinez, dem Jugendleiter der Umweltschutzorganisation Earth Guardians.

Die meisten Kinder in der DDR waren Mitglieder der Jugendorganisationen dort – die Mitgliedschaft war zwar freiwillig, wer aber nicht dazugehörte, wurde ausgegrenzt und durfte zum Beispiel nicht an Freizeitaktivitäten teilnehmen.

Ab 14 kannst du, wenn du etwas anstellst, nach dem Jugendstrafrecht verurteilt werden. Hast du schon mal etwas Illegales gemacht?

Vier Jahre alt war der pakistanische Junge Iqbal Masih, als er für umgerechnet gerade einmal zwölf Dollar als Schuldknecht an eine Teppichfabrik verkauft wurde. Nach Jahren gelang es ihm, der Sklaverei zu entkommen. Fortan setzte er sich gegen die Schuldknechtschaft ein – bis er im Alter von zwölf Jahren ermordet wurde.

73 Prozent aller 14- bis 24-Jährigen sind unzufrieden damit, wie ihre Anliegen und Interessen von der Politik berücksichtigt werden – oder wohl besser: »nicht berücksichtigt« ... Wie geht es dir? Hast du das Gefühl, dass du gehört wirst?

---

17 000 Menschen raffte im März 1945 eine Fleckfieber-Epidemie im Konzentrationslager Bergen-Belsen dahin. Darunter: die beiden jüdischen Mädchen Anne Frank und ihre Schwester Margot, die sich fast zwei Jahre lang in einem Hinterhaus in Amsterdam versteckten und schließlich verraten wurden. Ihr überliefertes Tagebuch machte Anne Frank zu einer Symbolfigur des Holocausts, des Völkermords im Nationalsozialismus. Hast du schon einmal von ihr gehört?

Ob und wie lange du allein zu Hause bleiben darfst, während deine Eltern nicht da sind, dafür gibt es keine klare Regelung; der jeweilige Entwicklungsstand eines Kindes muss berücksichtigt werden – Kleinkinder dürfen auf keinen Fall allein zu Hause gelassen werden.

Die Hilfsorganisation Ryan's Well Foundation setzt sich in Afrika für den Bau von Brunnen ein und klärt Kinder über Wasserhygiene auf – gegründet wurde die Organisation von einem damals Elfjährigen, dem Namensgeber der Organisation: Ryan Hreljac.

Schon Zwölfjährige wurden im Dritten Reich für den Kriegsdienst vorbereitet und unter anderem an der Panzerfaust geschult. 1943 waren die meisten Flakgeschütze mit Hitlerjungen – Kindern – besetzt. Flak nannte man eine Flugabwehrkanone.

2019 überlebte sie das Schulmassaker von Parkland (Florida, USA), bei dem am Valentinstag 17 Menschen getötet wurden – drei Tage später ging die 19-jährige Emma González auf die Straße, um sich seitdem für strengere Waffengesetze einzusetzen und wurde so etwas wie das Gesicht von »March for our Lives«, der Protestbewegung gegen Schusswaffengewalt.

Wenn deine Eltern es erlauben, darfst du mit 14 allein in den Urlaub fahren. Warst du schon mal allein im Urlaub?

Die 21-jährige Sophie Scholl wurde am 18. Februar 1943 verhaftet, als sie mit einem Mitstreiter Flugblätter der Widerstandsgruppe Weiße Rose in der Münchner Universität verteilte. Der Hausmeister – ein SA-Mann – hielt sie fest und übergab sie dem Direktorat. Sie wurde am 22. Februar 1943 hingerichtet. Die hauptsächlich aus Studenten bestehende Weiße Rose richtete sich gegen die nationalsozialistische Diktatur in Deutschland.

Mit 16 darfst du ohne deine Eltern bis Mitternacht in den Club. Herzlichen Glückwunsch, du bist jetzt Cinderella! Vorausgesetzt, der Club lässt dich rein …

Zu jung? In der bayerischen Verfassung von 1946 wurde festgelegt, dass der Ministerpräsident mindestens 40 Jahre alt sein muss. Die Fraktionsvorsitzende der Grünen im Bayerischen Landtag Katharina Schulze hätte also bei den Landtagswahlen 2023 keine Chance Ministerpräsidentin zu werden – selbst wenn die Grünen 95 Prozent der Stimmen bekämen. Sie ist zu jung. Wofür bist du angeblich noch nicht alt genug?

Elf Jahre alt war Flynn McGarry – der Justin Bieber des Kochens – als er sein erstes Restaurant eröffnete.

Dass sich die Afroamerikanerin Rosa Parks in Montgomery im US-Staat Alabama 1955 weigerte, ihren Platz im Bus einem weißen Fahrgast abzutreten, gilt mit als Anfang der US-amerikanischen Bürgerrechtsbewegung. Allerdings hatte neun Monate vorher schon eine andere ähnlich gehandelt: Die damals 15-jährige Schülerin Claudette Colvin widersetzte sich der Rassentrennung in öffentlichen Bussen und wurde deshalb verhaftet. Ganz schön mutig, oder?

Die Jungfrau von Orléans war eine reale Person – und zwar Jeanne d'Arc, die sich von Gott berufen fühlte, im Hundertjährigen Krieg zwischen Frankreich und England das französische Heer anzuführen und dem ungekrönten König Karl VII. die Krönung zu ermöglichen. Das gelang ihr – allerdings wurde sie schließlich von den Engländern gefasst und mit gerade einmal 19 Jahren am 30. Mai 1431 in Rouen als Hexe verbrannt.

1942 wurde in Deutschland ein abgespecktes Abitur eingeführt, damit möglichst viele Jugendliche noch »rechtzeitig« in den Krieg ziehen konnten. Im September 1944 wurde der Volkssturm gebildet, in dem die letzten Alten und Jungen um den Endsieg kämpfen sollten.

Deine Schule schließt, weil zu viele Lehrer krank sind, und du rufst 60 deiner Mitschüler auf, mit dir gemeinsam zur nächsten Schule zu laufen und dein Recht auf Bildung einzufordern? Was sich für dich unvorstellbar anhören mag, ist genau so geschehen – und zwar in Zambia, wo eine Schule wegen einer AIDS-Epidemie schließen musste. Anführerin war die damals achtjährige Thandiwe Chama, die sich noch heute für das Recht auf Bildung einsetzt.

Es gibt ein Kinder- und Jugendtelefon, bei dem Kinder und Jugendliche anrufen können, die geschlagen, gemobbt oder missbraucht werden – oder aber auch Informationen zum Beispiel zum Thema Verhütung brauchen. Anrufen kannst du dort von Montag bis Samstag zwischen 14 und 20 Uhr unter der Nummer 116 111. Der Anruf kostet dich nichts.

Zehn und zwölf Jahre alt waren die Schwestern Melati und Isabel Wijsen aus Bali, als sie in der Schule die Arbeit von Klimaaktivisten kennenlernten und beschlossen, selbst die Initiative »Bye Bye Plastic« ins Leben zu rufen, um Plastikmüll zu beseitigen.

In Bangladesch gibt es seit 2017 ein riesiges Flüchtlingslager – die Anzahl der Menschen, die dort ausharren, entspricht in etwa der Einwohnerzahl Stuttgarts. Das Lager Kutupalong ist übrigens auch ein Beispiel dafür, dass die meisten Flüchtlinge in den armen und ärmsten Ländern der Welt unterkommen – die »reichen« Länder haben nur etwa 16 Prozent der Geflüchteten aufgenommen.

SPORT, ACTION & ABENTEUER

FUN FUN FUN

In Frankreich gilt der Kampf mit Lichtschwertern seit der Anerkennung des französischen Fechtverbands 2019 als offizieller Wettkampfsport.

Im August 2019 spielten in Canton, Michigan, Lasertag-Spieler 26 Stunden und 40 Sekunden gegeneinander. Puh – ob man da nicht lieber einfach aufgibt?

Hast du schon mal Volcano-Boarding ausprobiert? Dabei rast man auf einem Holzschlitten mit etwa 80 Kilometern pro Stunden den Abhang eines aktiven Vulkans herab – zum Beispiel den des Cerro Negro in Nicaragua. Nun ja, jedem wie es ihm gefällt ...

David Lama, 2016 der bis dato jüngste Kletter-Weltcup-Sieger, starb 2019 mit gerade einmal 18 Jahren bei einem Lawinenabgang.

2019 schaffte es der US-Amerikaner David Rush, in einer Minute drei Bälle beim Jonglieren 586 Mal zu fangen. Wie oft ist das pro Sekunde? Ist das überhaupt möglich?

1923 gewann ein Toter das Rennen auf der Galopprennbahn Belmont Park in Elmont auf Long Island. Das Pferd lief durchs Ziel, doch der Reiter jubelte nicht, zeigte keinerlei Regung: Frank Hayes war während des Rennens gestorben. Sein Pferd *Sweet Kiss* wurde fortan *Sweet Kiss of Death* genannt.

Beim Frauentragen, auch Ehefrauentragen, geht es darum, seine Frau so schnell wie möglich über eine bestimmte Strecke zu tragen. Der Sieger erhält üblicherweise das Gewicht seiner Frau in Bier als Belohnung.

Vier Stunden, 19 Minuten und 55 Sekunden hielt es die Kanadierin Dana Glowacka in der Plank-Position aus.

Der US-Marine George Hood schaffte den Unterarmstütz (Plank) sogar acht Stunden, 15 Minuten und 15 Sekunden. Er war dabei 62 Jahre alt! Wie lange hältst du es aus?

Mit gerade einmal 14 Jahren war die US-amerikanische Ashima Shiraishi die erste Frau, die eine Kletterroute im Schwierigkeitsgrad 5.15a/9a+ schaffte. Was die Zahlen genau bedeuten? Dass die Strecke richtig, richtig schwer war!

Beim Hai-Tauchen in Südafrika begeben sich Menschen in einen Unterwasserkäfig, während Haie mit Ködern angelockt werden, damit man sie aus nächster Nähe anschauen können. Wenn das mal nicht schiefgeht …

15 Jahre, vier Monate und zwei Tage alt war die Golferin Lydia Ko, als sie als jüngste Siegerin die Canadian Women's Open für sich entschied – das Preisgeld erhielt sie nicht, weil sie noch als Amateur gemeldet war.

Sumoringer wiegen im Durchschnitt um die 160 Kilogramm – das sind 15 Kilo mehr, als sie noch vor 30 Jahren im Schnitt wogen. Der Sumoringer Ōrora gilt als schwerster Ringer aller Zeiten und wog in seiner aktiven Zeit um die 288 Kilogramm.

Sich in einem Fass die Niagara-Fälle herabzustürzen ist total crazy, oder? Eine Lehrerin hat es 1901 als Erste gemacht – und zwar die Kanadierin Annie Taylor. Sie war damals schon über 60 Jahre alt.

Bossaball ist eine Mischung aus Volleyball, Fußball, Trampolinspringen und Gymnastik und wird auf einem Luftkissen, in das auch Trampolins eingebaut sind, gespielt. Da hätte ich ja mal mega Bock drauf.

Bist du schlau und stark? Dann ist vielleicht die Sportart »Schachboxen« etwas für dich – die Gegner treten dabei in sechs Blitzschach-Partien und fünf dreiminütigen Boxrunden aufeinander.

Du magst Fußball? Dann wirst du Bubble-Ball lieben – denn dabei schlüpfst du in einen riesigen transparenten Ball, der deinen Oberkörper schützt und dir ganz neue Formen des Körpereinsatzes ermöglicht. Einfach genial.

21 Jahre und 177 Tag war die US-Amerikanerin Lexie Alford alt, als sie alle Länder der Welt bereist hatte. Der jüngste Mann, der das schaffte, war 24 Jahre und 190 Tage alt.

Die ersten Geschwister, die gemeinsam alle Achttausender – also die höchsten Berge der Welt – bestiegen, waren die nepalesischen Brüder Mingma und Chhang Dawa Sherpa. Hast du Geschwister? Welches Abenteuer wollt ihr zusammen erleben!

10 908 Menschen spielten 2019 in Osaka, Japan, Fangen.

Der Ironman ist die extremste Form des Triathlons – da schwimmt man erst mal 3,8 Kilometer, danach fährt man 180 Kilometer Rad und zum Abschluss läuft man ganz gechillt einen Marathon mit 42,1 Kilometer. Klingt ... machbar, oder?

Der jüngste Schachgroßmeister war Sergej Karjakin mit zwölf Jahren und 212 Tagen.

Wer es mit der Extremsportart Eisklettern versuchen will, braucht starke Nerven. Denn nicht nur, dass das Eis – geklettert wird unter anderem auch über gefrorene Wasserfälle – leicht brechen kann, die Finger können auch ziemlich schnell ziemlich kalt werden. Und dann wird's gefährlich!

334 Mal in 60 Sekunden schnippte der 14-jährige Niclas Nadasdy mit den Fingern und schaffte es damit ins *Guinness-Buch der Rekorde*.

Einen Preis von 190 000 Dollar erzielten bei einer Auktion die Turnschuhe des Basketballspielers Michael Jordan, die dieser bei den Olympischen Spielen von 1984 trug.

Vor der WM 1966 wurde der in der Westminster Central Hall öffentlich ausgestellte Jules-Rimet-Pokal, der von 1930 bis 1970 die Siegestrophäe der Fußball-Weltmeisterschaften war, gestohlen. Ein Hund namens Pickles fand ihn wieder – er lag, in Zeitungspapier eingeschlagen, in einem Gebüsch versteckt. Bei der daran anschließenden WM durfte der Hund an einem Bankett teilnehmen und die Teller aller Gäste ablecken.

Schon mal von Wildwasserschwimmen gehört? Im Grunde ist das wie Rafting – nur ohne Boot. Worauf du dabei jedoch lieber nicht verzichten solltest: Neoprenanzug, Schwimmweste und Helm, denn Treibholz, Steine und was da sonst noch so unter Wasser lauert, kann dir übel mitspielen. Vielleicht lässt du es doch besser bleiben und setzt dich in ein Boot ...

Bei den olympischen Sommerspielen in St. Louis 1904 überquerte der Marathonläufer Frederick Lorz als erster die Ziellinie. Blöd nur: Er hatte offenbar einen Teil der Strecke in einem Begleitfahrzeug zurückgelegt. Wie gut, dass das einem aufmerksamen Zuschauer auffiel ...

Das Nike-Logo wurde von einer Studentin entworfen, die dafür gerade einmal 35 Dollar bekam. Der Name der Studentin war Carolyn Davidson. Ein echtes Schnäppchen.

Drei Stunden, 35 Minuten und 52 Sekunden brauchte die Britin Holly Ferguson für einen Halbmarathon – in High Heels.

Während die Generationen vor ihr Geld gerne für »klassische« Konsumartikel ausgaben, nutzt die Generation Z ihr Bares eher dafür, sich besondere Erlebnisse zu ermöglichen.

2015 schoss Robert Lewandowski im Spiel gegen den VfL Wolfsburg fünf Tore innerhalb von 8:59 Minuten für die Bayern. Das war der schnellste Hattrick (drei Tore durch den gleichen Spieler) der Bundesligageschichte, der schnellste Vierer- und auch Fünferpack. Herzlichen Glückwunsch.

Wer ist schneller? Ein Mensch oder ein Pferd? Im Fall des Langstreckenläufers Tom Johnson der Mensch. Denn der schaffte es, den von seiner Nichte gerittenen Hengst El Barrak in einem Rennen über 80 Kilometer zu besiegen. Und du? Bist du wenigstens so schnell wie dein Kaninchen?

18 Jahre war Lukas Haitzmann alt, als er als jüngster Mensch allein einen Ozean überquerte – rudernd.

Ebenfalls 18 Jahre war Mason Andrews, der mit dem Flugzeug eine Runde um die Welt drehte – ebenfalls allein.

In den 1960ern war der Sport Oktopus-Wrestling populär. Dabei suchte man sich als Taucher einen Oktopus und versuchte, ihn aus dem Wasser zu tragen. Scheint wohl ziemlich schwer zu sein. Allerdings macht man das heute vermutlich eher nicht mehr. Tierschutz und so.

Der Unterschied zwischen Base-Jumping und einem Fallschirmsprung? Der Fallschirm schon mal nicht, den tragen Base-Jumper auch. Allerdings springen sie aus so geringer Höhe, dass es mehr oder weniger Glückssache ist, ob sie es rechtzeitig schaffen, den Fallschirm zu öffnen. Ganz schön aufregend. Oder dämlich.

Sage und schreibe 31 Punkte musste die Basketballmannschaft LA Clippers im April 2019 für ihren 135:131-Sieg gegen die Golden State Warriors aufholen.

Im Alter von 14 Jahren und 184 Tagen wurde die Chinesin Hou Yifan Schachgroßmeister. Nein, der Titel »SchachgroßmeisterIN« wurde offenbar noch nicht offiziell eingeführt.

Der Rekord für Liegestütze pro Tag liegt bei 46 001 – der aktuelle Rekord für die meisten Liegestütze in einem Jahr wurde 2021 von einem Familienvater aus Wisconsin aufgestellt. Der 45-jährige Nate Carroll schaffte innerhalb eines Jahres 1 500 231 Liegestütze – das macht mehr als 4000 pro Tag.

Formula Rossa, die schnellste Achterbahn der Welt in Abu Dhabi, erreicht bis zu 240 Stundenkilometer. Da heißt es wohl festhalten – oder rückwärts essen?

Headis ist wie Tischtennis, allerdings mit einem Fußball statt eines Tischtennisballs und deinem Kopf als … Schläger. Schon mal ausprobiert?

1894 fuhr Anna Kopchovsk – auch Annie Londonderry genannt – als erste Frau mit dem Fahrrad um die Welt. Angeblich hatte sie erst kurz zuvor überhaupt Radfahren gelernt.

Am 4. Februar 1912 wollte der österreichisch-französische Schneider Franz Reichelt beweisen, dass man mit seinem selbstgebauten Fallschirmanzug, heute würde man wohl »Wingsuit« sagen, »fliegen« kann. Er sprang von der Spitze des Eifelturms – und starb. Ein Video davon gibt es auch auf Wikipedia. Schockierend. Bescheuert. Schrecklich.

Radfahrer rasieren sich ihre Beinhaare nicht allein wegen des geringeren Luftwiderstands. Andere wichtige Gründe sind eine bessere Wundheilung bei Stürzen, weil die Beine so besser mit Sonnencreme eingecremt werden können und weil die Massagen nach dem Radfahren danach angeblich so viel angenehmer sind.

Im Jahr 2000 geboren, gewann die US-amerikanische Snowboarderin Chloe Kim 2018 olympisches Gold – sie ist damit die jüngste Frau, der das gelang.

17 Jahre und 40 Tage war Ansu Fati alt, als er mit seinem Tor für Barcelona gegen Inter Mailand zum jüngsten Torschützen der UEFA Champions League wurde.

Antonio Nusa vom FC Brügge, der 2022 zum 4:0 gegen Porto traf, war dagegen schon richtig alt, nämlich 17 Jahre und 149 Tage. Er ist damit der zweitjüngste Torschütze.

Auf Platz eins der Sportarten mit der größten Verletzungsgefahr stehen Fußball und Skifahren – wobei ich nicht sicher weiß, ob sich einfach so viele Menschen beim Fußball verletzen, weil es so schrecklich viele Menschen spielen. Auf Platz drei: Radfahren. Oder wie sagt deine Mutter immer so schön: Immer brav mit Helm fahren!

1977 rührte der Amerikaner James Fixx mit seiner Jogging-Bibel *Das komplette Buch vom Laufen* fleißig die Werbetrommel fürs Joggen – es mache gesünder, erhöhe die Lebenserwartung. Er selbst starb mit 52 Jahren – beim Joggen.

BÜCHER, SPRACHE & VERRÜCKTE WISSENSCHAFT

Es gibt auch ein Prequel zur Romantrilogie *Tribute von Panem: Das Lied von Vogel und Schlange*, in dem es um die Geschichte von ..., aber lieber nicht zu viel verraten: um die Geschichte eines alten Bekannten geht.

Bibi Blocksberg ist mit Benjamin Blümchen verwandt. Sie stammen beide aus der Feder der österreichischen Autorin Elfie Donnelly.

Wurdest du heute schon Opfer einer Gargalesis? Dann wird es wohl langsam Zeit. Gargalesis ist nämlich schlicht und einfach eine Kitzelattacke.

In China sind Ganzkörperregenschirme ziemlich verbreitet – Regenschirme, an deren Seite noch Folie herabhängt, sodass auch seitliches Spritzwasser abgehalten wird. Genial, oder?

Schon mal Cyclomer gefahren? Das ist ein Amphibienfahrrad, mit dem man sowohl auf normalen Radwegen als auch im Wasser radeln kann.

Glaubt man einer wissenschaftlichen Analyse von Twittermeldungen, sind die Menschen am Donnerstag am schlechtesten gelaunt. Wie sieht es bei dir aus? Was ist dein schlimmster Tag? Bestimmt Montag, oder?

Im Französischen heißt Tom Riddle aus *Harry Potter* Tom Elvis Jedusor – was durch eine Umstellung der Buchstaben zu »Je suis Voldemort« wird, also »Ich bin Voldemort«.

Max von der Gröben – der Danger aus *Fack ju Göhte* – spricht auch das Kasperle in dem Hörspiel *Räuber Hotzenplotz und die Mondrakete*.

Es gibt Unterhosen, die den Geruch deiner Pupse filtern. Wer so was erfindet, lässt bestimmt besonders stinkige Pupse.

Das 2017 verfilmte Buch *Tigermilch*, in dem zwei 14-Jährige losziehen, um sich entjungfern zu lassen, war der Debütroman der deutsch-spanischen Autorin Stefanie de Velasco.

Während der Film *Call Me By Your Name* nur eine Sommerromanze zwischen zwei jungen Männern beschreibt, geht es in der Buchvorlage von André Aciman auch um die darauffolgenden 20 Lebensjahre der beiden Figuren Elio und Olivier.

Es gibt Socken aus Mikrofaser, mit denen man putzt – einfach indem man durch die Wohnung läuft. Sag das mal deinen Eltern! Auf diese Weise hilft man doch gerne im Haushalt.

Übrigens gibt es auch Sandalen mit Metalldetektoren, mit denen man am Strand herumlaufen und gleichzeitig nach Schätzen suchen kann. Nice. Geht das aber bitte auch irgendwie im Liegen?

Das Jugendwort 2022 ist »smash«. Es ist ein Verb und bedeutet, jemanden kennenzulernen oder mit ihm Sex zu haben.

Auf Platz zwei der Jugendworte 2022 landete »bodenlos«, für richtig mies und schlecht, auf Platz drei »Macher«, für jemanden, der die Dinge anpackt.

Die Jugendsprache deiner Großeltern war ziemlich ... ungewöhnlich. Ihre Eltern nannten sie zum Beispiel »meine Regierung«.

Sachen, die Teenager früher toll fanden, waren »knorke«.

Der Freund oder Verlobte wurde damals gerne mal als »Scheich« bezeichnet.

Eine Mädchenschule hieß zu Omas Zeiten »Jungfern-« oder »Backfisch-Aquarium«.

Und »Zentralschaffe« war in den 1960er-Jahren eine große wichtige Sache.

Einige Begriffe aus der Jugendsprache deiner Großeltern sind jedoch erhalten geblieben. Vielleicht verwendest auch du sie manchmal – zum Beispiel »gammeln« oder jemanden »aufreißen«? Wobei – dafür sagst du ja jetzt »smashen«. Ganz schön knorke, oder?

Der Amerikaner Russell E. Oakes erfand vor über 50 Jahren ein Gerät, mit dem man seinen Hintermann belauschen konnte. Allerdings war das Ding wohl so riesig, dass das Ganze total auffiel, weshalb die Erfindung kein wirklich großer Erfolg wurde.

»Eine erstaunliche Erfindung. Aber wer sollte sie jemals nutzen wollen?«, befand der US-Präsident Rutherford Birchard Hayes im Jahr 1877. Er meinte damit Alexander Graham Bells neueste Entwicklung: das Telefon.

Die *Harry Potter*-Reihe der Schriftstellerin Joanne K. Rowling samt ihren Ablegern hat sich weltweit über 500 Millionen Mal verkauft und wurde in über 80 Sprachen übersetzt. Ich wusste nicht mal, dass es so viele Sprachen überhaupt gibt.

Kurz mal gegoogelt: Es gibt 7000 Sprachen. Verrückt. Daraus folgt: In den meisten Ländern der Erde werden mehrere Sprachen gesprochen. Was in Europa eher die Ausnahme ist, ist in Afrika gang und gäbe. Gerade um den Äquator herum gibt es dort eine Vielzahl von Sprachen – ebenso in Südamerika in der Amazonasregion. Allerdings ist die Hälfte all dieser Sprachen vom Aussterben bedroht.

Von der meistgesprochenen Sprache der Welt hast du vermutlich noch nie etwas gehört: Es ist *Pǔtōnghuà*, eine Standardsprache, auch Hochchinesisch genannt, die auf Mandarin basiert und Amtssprache in China ist.

Übrigens schreien Babys in ihrer Muttersprache – ein deutsches Baby schreit ein anderes Lautmuster als ein französisches Baby. Offenbar können die Kinder schon im Mutterleib bestimmte Laute aufnehmen und verarbeiten.

Es gibt Strümpfe, die Beine aussehen lassen wie dicht behaarte Männerbeine – und Sandwichtüten, die mit Schimmelflecken bedruckt sind, sodass dein Pausenbrot gar nicht mehr lecker aussieht. Der Sinn davon? Wahrscheinlich soll beides heißen: Finger weg!

Die erste Hörbuch-Folge von *Bibi und Tina* erschien 1991. Allerdings war Tina damals keine Unbekannte – sie und der Martinshof kamen schon vorher in den *Bibi-Blocksberg*-Folgen 43, 44 und 47 vor.

Das erste Buch der schwedischen Schriftstellerin Astrid Lindgren war ein Mädchenroman. *Britt-Mari erleichtert ihr Herz* erschien 1944. Lindgren gewann damit den zweiten Preis beim Rabén & Sjögrens Mädchenbuchwettbewerb.

Der Titel des Romans *The Hate U Give* von Angie Thomas über eine 16-Jährige, die mitansehen muss, wie ihr bester Freund von einem Polizisten erschossen wird, geht zurück auf den von Rapper Tupac Shakur geprägten Begriff »Thug Life«, der wiederum ein Akronym ist für »The Hate U Give Little Infants Fucks Everybody«. Und was der bedeutet? Wenn man erst einmal mit Gewalt angefangen hat, entsteht daraus eine Spirale, die niemals aufhört.

Du fragst dich, was ein Akronym ist? Ein Kurzwort, das aus den Anfangsbuchstaben von anderen Wörtern gebildet wird. Lol zum Beispiel (für »laughing out loud«) – oder eben »Thug Life«.

15 Jahre alt – und schon ein Verfahren zur Diagnose von Krebs entwickelt. Das kann sich sehen lassen. Wem das gelungen ist? Dem US-Amerikaner mit polnischen Wurzeln Jack Andraka, der einen Teststreifen entwarf, der ein bestimmtes Protein im Blut und im Urin erkennen kann. Ganz schön beeindruckend.

Mädchen durften im Mittelalter nicht die Schule besuchen und wurden allenfalls in Klöstern unterrichtet – allerdings nicht auf demselben Niveau wie Jungen. Jüdische Mädchen jedoch erhielten gleichwertigen Unterricht vom Vater und wurden später wie ihre Brüder von Rabbis unterrichtet, den Gelehrten im Judentum.

2018 baute Jackson Oswalt in seinem Kinderzimmer einen Reaktor, in dem es ihm gelang, eine Kernfusion herbeizuführen – er war damals nicht einmal 13 Jahre alt.

8 Stunden und 58 Minuten war der am längsten sichtbare Regenbogen im November 2017 in China zu sehen. Ich wünschte, du und ich, wir wären auch dabei gewesen.

Lange Zeit dachte man, man könnte ein Blatt Papier höchstens acht Mal falten. Der sechzehnjährigen Britney Gallivan gelang es 2002 zwölf Mal. Das Stück Papier war 1219 Meter lang.

Die Vorlage für *Arielle*, das Märchen *Die kleine Meerjungfrau* von Hans Christian Andersen, geht nicht ganz so gut aus wie die Disney-Adaption. Die kleine Meerjungfrau bekommt den Prinzen nicht, aber wenigstens kriegt sie eine Seele.

Kennst du das Problem, im Bett oder am Strand lesen zu wollen, aber du findest keine bequeme Position? In diesem Fall kann dir die Hamblin-Brille, die vor fast hundert Jahren vom britischen Optiker Theodore Hamblin entwickelt wurde, helfen. Sie ermöglicht es nämlich durch Spiegelung, flach auf dem Boden liegend zu lesen. Luxusproblem, klar – aber einfach genial, oder?

Astrid Lindgren bekam mit 18 Jahren ein uneheliches Kind vom Chefredakteur der Zeitung *Vimmerby Tidning*, wo sie auch ein Volontariat gemacht hatte.

Seit 1991 wird der ig-Nobelpreis vergeben, wobei »ig« für »ignoble«, also »schändlich« steht. Allerdings geht es hier nicht um besonders schlechte Forschung, sondern um verrückte Forschung, die zum Nachdenken und Lachen bringen soll – zum Beispiel über die Frage, wie und warum wir auf Bananenschalen ausrutschen und wodurch die Formation beeinflusst wird, in der Entchen ihrer Mama hinterherschwimmen. Spoiler: Sie surfen dabei auf einer Welle, die von ihrer Mutter erzeugt wird.

Um Hühner ging es bei einem Experiment, das mit dem ig-Nobelpreis ausgezeichnet wurde. Wissenschaftler konnten zeigen, dass Hühner solche Gesichter schöner fanden, die auch wir Menschen üblicherweise als schöner empfinden. Schräg, oder, dass wir Menschen und Hühner denselben Geschmack haben?

Die Graphic Novel *Heartstopper* entstand auf Grundlage eines Webcomics, den die Zeichnerin und Autorin Alice Oseman als Spin-off, also als einen Ableger zu ihrem ersten Roman *Solitaire* anlegte. Der Protagonist Charlie Spring ist der Bruder von Tori Spring aus *Solitaire*.

Der rumänische Mediziner Nicolas Minovici betrieb 1905 ausführliche Forschung zum Thema Erhängen und ließ sich viele Male selbst aufhängen und von seinen Assistenten wieder retten. Er beschrieb das Gefühl als unerträglich.

Der britische Designer und Schriftsteller Thomas Thwaites hat sich einmal drei Tage lang als Ziege verkleidet und in den Schweizer Alpen unter »Artgenossen« gelebt.

Weil Hühner und Dinos miteinander verwandt sind, aber doch nicht ganz gleich aussehen, befestigten Forscher einen Holzschwanz am Hinterteil von Hühnern, um auf diese Weise den Gang von Dinosauriern zu erforschen.

Schon als John Green den Titel seines Romans *The Fault in Our Stars* – das dann später in Deutschland als *Das Schicksal ist ein mieser Verräter* erschien – verkündete, schoss das Buch, obwohl es bisher keine weiteren Inhalte und auch kein Cover gab, an die Spitze der Amazon-Charts – allein durch die Vorbestellungen.

Seit 1927 läuft das Pechtropfenexperiment. Pech wird bei Zimmertemperatur fest, fließt aber eigentlich nur ganz, ganz, ganz langsam. Für das Experiment wurde Pech in einen Trichter gegeben und zugeschaut, was passiert. Der erste Tropfen fiel 1938. Der nächste erst wieder 1947. 2014 fiel der vorerst letzte Tropfen – da könnte demnächst mal wieder was gehen.

In Großbritannien hat ein Mann einen Zauberwürfel mit einer Seitenlänge von über zwei Metern gebaut. Es ist der größte Zauberwürfel der Welt – und funktioniert auch.

Die 1961 geborene Susanne Daubner erklärte in der Tagesschau das Jugendwort des Jahres 2021 folgendermaßen: »Cringe ist das Gefühl, das Sie haben, wenn ich den folgenden Satz sage: Digga, wie fly ist eigentlich die Tagesschau, wenn sie mit Jugendwörtern flext. Läuft bei dir ARD. « Wo Susanne Daubner recht hat, hat sie recht.

David Aguilar aus Andorra wurde ohne rechten Unterarm geboren – und baute sich im Alter von gerade einmal neun Jahren selbst eine Prothese. Aus Legosteinen.

Am 21. Juli 1983 wurden in der russischen Forschungsstation Wostok in der Ostantarktis, dem kältesten Ort der Welt, minus 89,2 Grad Celsius gemessen.

Am heißesten war es übrigens mit 54 Grad Celsius am 30. Juni 2013 im Death Valley, dem Tal des Todes, in den USA. Auch nichts, was man gerne am eigenen Leib erleben möchte.

Im 19. Jahrhundert schickten selbst Familien mit Geld ihre Töchter allenfalls auf die höhere Töchterschule, wo Mädchen vor allem zu gefälligen Ehefrauen und tüchtigen Hausfrauen erzogen werden sollten.

Kurz nach dem Zweiten Weltkrieg setzte der Pharmazeut Peter Witt Spinnen unter LSD-Einfluss und schaute, welche Netze die Tiere dadurch webten. Das Ergebnis: äußerst seltsame Netze. Noch verrückter war das Ergebnis jedoch, als er den Spinnen Koffein verabreichte ...

Horrorautor Stephen King fand die *Harry Potter*-Direktorin des Schreckens, Dolores Umbridge, unfassbar Furcht einflößend.

Im 17. Jahrhundert wurden Begriffe wie »Sohn« oder »Knabe« auch als Synonyme oder Rufnamen für »Diener« verwendet – damit sollte zum Ausdruck kommen, dass sie genauso abhängig waren wie Kinder.

Die Autorin von *The Hate U Give* musste als Sechsjährige selbst eine Schießerei zweier Drogendealer mitansehen. Danach brachte ihre Mutter sie in eine Bibliothek, um ihr zu zeigen, dass die Welt aus mehr besteht als aus solchen schlimmen Dingen.

In dem japanischen Buch *Battle Royal* des japanischen Autors Kōshun Takami geht es um Schüler, die sich in einem vom Staat organisierten Todesspiel gegenseitig umbringen sollen. Klingelt da was? Tatsächlich wird *Tribute von Panem*-Autorin Suzanne Collins vorgeworfen, beim Japaner abgeschrieben zu haben.

SELTSAM, EKLIG, UNHEIMLICH

AUFGEPASST!

HIER WIRD ES
MANCHMAL GANZ SCHÖN EKLIG
UND STELLENWEISE RICHTIG
FURCHT EINFLÖSSEND.
LIES DIESES KAPITEL NUR,
WENN DU DICH DEM AUCH
WIRKLICH GEWACHSEN FÜHLST!

Die Zungenassel ist ein Parasit, der seinem Wirt die Zunge zerstört, indem sie ihr die Blutzufuhr abschneidet – und dann selbst zu seiner Zunge wird. Lecker! Aber keine Sorge, die Zungenassel befällt nur Fische – nur für den Fall, dass du deine Zunge gerade schon im Spiegel genauer betrachtet hast ...

Die Guillotine – das Fallbeil zum schnellen Köpfen von Menschen, erfunden vom französischen Arzt Joseph-Ignace Guillotin – wurde noch 1977 in Frankreich eingesetzt.

Das Nervensystem einer Kakerlake ist über ihren gaaanzen Körper verteilt. Die Folge daraus: Wenn man ihnen den Kopf abschneidet, können sie noch mehrere Tage leben. Vielleicht sollte man sie eher »Zombielaken« nennen.

Wer unter dem Alice-im-Wunderland-Syndrom leidet, sieht Dinge größer, kleiner oder schlichtweg anders, als sie in Wirklichkeit sind. Häufig gehen solche Wahrnehmungsstörungen einem epileptischen Anfall voraus.

Angeblich wohnt in unseren Spiegeln ein rachsüchtiger Geist namens Bloody Mary. Bloody Mary erscheint, wenn du dich bei Dunkelheit vor einen Spiegel stellst und ihren Namen drei Mal laut aussprichst. Allerdings soll demjenigen, der sie heraufbeschwört, ein grauenhaftes Schicksal bevorstehen.

Bis zu 22 Stunden am Tag verbringen Koalas mit Schlafen – den Rest vermutlich mit Essen ... Manchmal wäre es doch richtig toll, ein Koala zu sein, oder?

Flamingos pieseln ihre eigenen Beine an – um sich abzukühlen. Das wiederum würde ich nicht so gerne nachmachen ...

Menschen mit dem Fregoli-Syndrom denken, dass die Menschen in ihrer Umgebung sich in andere Menschen verwandeln. Benannt ist das Syndrom nach einem italienischen Verwandlungskünstler.

Wenn eine Tarantel ihr Bein verliert, wächst der riesigen Spinne – schwuppdiwupp – einfach eines nach.

Kettensägen wurden erfunden, um Frauen bei der Geburt zu helfen. Beim Gebären sehr großer Kinder durchtrennte man damit eine Verbindung zwischen den Schambeinen – diese Operation ist quasi der Vorgänger des Kaiserschnitts.

Die Männchen des ostasiatischen Wasserrehs haben Fangzähne wie ein Vampir, mit denen sie sich bei Kämpfen schwere Wunden zufügen können. Die Weibchen haben auch solche Zähne, allerdings sind die nicht ganz so lang.

Auf der Isla de las Muñecas – der Puppeninsel – in Mexiko-Stadt hängen Hunderte von verstümmelten Puppen in den Bäumen. Sie sollen den Geist eines Mädchens fernhalten, das offenbar einmal nahe der Insel ertrunken ist.

Kolibris flattern irre schnell – deshalb müssen sie auch total viel fressen, ungefähr das Achtfache ihres Körpergewichts. Täglich. Na, Mahlzeit!

Das Cotard-Syndrom ist eine psychische Störung, bei der die Menschen denken, tot zu sein, zu verwesen oder einfach gar nicht da zu sein. Manche glauben auch einfach nur, dass sie ihr Blut oder ihre inneren Organe verloren haben.

Es gibt Seefledermäuse und Seeschwalben. Das eine sind Fische, die am Meeresgrund wohnen – das andere nicht nur die allgemein bekannten Seevögel, denn auch Schnecken, genauer gesagt blaue Ozeanschnecken, werden so genannt. Sie ernähren sich von Quallen, deren Gift sie speichern und bei Bedarf gegen Widersacher einsetzen können. Wie krass ist das denn?

In der Stadt Centralia in Pennsylvania brach am 27. Mai 1962 in der örtlichen Mülldeponie ein Feuer aus, das nicht gelöscht werden konnte. Die Stadt ist inzwischen von ihren Bewohnern verlassen – doch das Feuer schwelt immer noch.

Bis zu zwei Drittel des Körpers eines nordamerikanischen Waldfroschs frieren im Winter ein. Er übersteht das dank seines körpereigenen Frostschutzmittels aus Glukose und Harnstoff – also Pipi.

Annabelle ist der Name einer Puppe, die in den 1970er-Jahren in den USA als besessen galt und sogar einem Exorzismus unterzogen wurde, weil in ihr angeblich ein Dämon wohnte, der sich als Mädchen ausgab. Die Puppe ist heute in einem Museum untergebracht – mit dem deutlichen Hinweis, den Schaukasten nicht zu öffnen.

Bei der Tanzwut, die vor allem im 16. Jahrhundert auftrat, tanzten die Menschen so lange, bis sie erschöpft oder verwundet waren oder tot umfielen. Über die Ursachen sind sich Forscher noch immer nicht ganz im Klaren.

Dikdiks sind Zwergantilopen, die übrigens nicht trinken müssen – über den Tau auf den Blättern und ihre sonstige Nahrung nehmen sie genügend Wasser zu sich.

Anatidaephobie ist die Angst, von einer Ente beobachtet zu werden. Ist ja auch megaunheimlich. Was die wohl im Schilde führen, wenn sie uns so beobachten?

Im Ebersberger Forst bei München steht nahe der Hubertuskapelle offenbar immer wieder eine unheimliche weiße Frau an der Straße – die Erscheinung eines Unfallopfers, dem vor über 80 Jahren nicht geholfen, sondern das unter einem Blätterhaufen verborgen wurde.

Wer unter dem Ganser-Syndrom leidet, ist »pseudodebil«, das heißt, er gibt falsche Antworten auf einfachste Fragen – es ist aber unklar, ob das bewusst oder unbewusst passiert. Betroffen sind meist jüngere Männer. Vielleicht wäre das ja die perfekte Entschuldigung für deine nächste Abfrage in der Schule ...

Der Eingeweidefisch lebt im Hintern der Seegurke (die übrigens selbst ein Tier ist, nämlich ein Stachelhäuter, und nur wie eine Gurke aussieht) und kommt nur raus, um zu fressen. Findet er gerade nichts, frisst er einfach die Eingeweide der Seegurke, die praktischerweise immer wieder nachwachsen.

Der Mund einer Qualle ist gleichzeitig ihr Anus.

Das Bermudadreieck, auch Teufelsdreieck genannt, ist ein Gebiet im Atlantik zwischen Süd-Florida, Puerto Rico und Bermuda, in dem rätselhafterweise immer wieder Schiffe, aber auch Flugzeuge verschwinden.

Die Amazonas Wabenkröte pflanzt sich folgendermaßen fort: Männchen und Weibchen geben Sperma und Eier ins Wasser, die vermischen sich. Dann lagern sich die Eier auf dem Rücken des Weibchens ab und werden vom Männchen noch ein bisschen festgedrückt. Daraufhin sinken die Eier in die Haut des Weibchens ein, werden von einer Hornschicht überwachsen und schlüpfen dann irgendwann aus diesen »Waben« auf dem Rücken ihrer Mutter. Lecker, oder?

Verschwörungstheoretikern zufolge zog sich eine Gruppe von Nazis 1945 auf die Rückseite des Mondes zurück und wartet dort darauf, zurückzukehren und Rache zu üben.

Der Pacu ist ein mit dem Piranha verwandter Fisch, der aber ein menschliches Gebiss hat. Einfach mal googeln, sieht total weird aus.

Der Clown-Fangschreckenkrebs, der auch wirklich ziemlich lustig aussieht, hat einen eingebauten Rammbock, mit dem er zum Beispiel Muscheln knacken kann.

Bei Bohrungen nach Gas in der Wüste Karakum in Turkmenistan brach 1971 der Boden ein und ein Krater tat sich auf. Weil Methan ausströmte, beschloss man, das Gas »abzufackeln« – allerdings brennt der Krater heute noch.

Bitte nicht in den Amazonas pinkeln! Denn dort gibt es den Penisfisch. Der merkt sofort, wenn irgendwo Urin ist – und schwimmt schnurstracks in den Penis und weiter in die Blase und kann dort nur noch chirurgisch entfernt werden.

Das Flatwoods Monster ist ein Ungeheuer, das etwa zwei bis drei Meter hoch sein und einen grünen Körper und einen roten Kopf mit glühend roten Augen haben soll. Es wurde angeblich am 12. September 1952 in der Nähe von Flatwoods in West Virginia gesichtet.

Der Glaskopffisch hat tatsächlich einen durchsichtigen Kopf, durch den man in ihn reinschauen kann. Bäh! Wer denkt sich denn so was aus?

Kraken können mit ihren Armen schmecken. Wie praktisch. Einfach einen Finger ins Essen hängen und sagen können: »Nee, Mama, das schmeckt echt gar nicht!«

Die Seewespe hat mit Insekten nichts zu tun. Sie ist eine Qualle, die mit ihrem Gift bis zu 250 Menschen töten könnte.

In einer Poolszene im Film *Poltergeist* sind skelettierte Leichen zu sehen. Angeblich waren diese wirklich echt – weil das billiger kam als künstliche Leichen.

Die Japanische Riesenkrabbe hat eine Spannweite von bis zu 3,7 Metern und sieht ein bisschen aus wie eine Unterwasser-Riesenspinne. Der möchte man beim Badeurlaub nicht begegnen.

Genauso wenig möchte man auf die Nomura-Qualle treffen, eine japanische Quallenart, die bis zu zwei Meter im Durchmesser und 200 Kilogramm schwer werden kann.

Der »Fluch des Pharao« beschreibt eine Reihe von rätselhaften Todesfällen nach der Entdeckung der unberührten Grabstätte von Tutanchamun. So starb zum Beispiel der Leiter der Ausgrabung, der Archäologe Howard Carter kurz nach der Entdeckung an einer Blutvergiftung in Verbindung mit einer Lungenentzündung. Angeblich fand sich in der Grabkammer auch eine Aufschrift: »Der Tod soll den mit seinen Schwingen erschlagen, der die Ruhe des Pharaos stört.«

Der Schmetterling Greta Morgane hat durchsichtige Flügel.

In Amerika gibt es ein Fabelwesen, das angeblich halb Mensch, halb Ziegenbock ist. Dieser Goatman soll bei einem gescheiterten wissenschaftlichen Experiment entstanden sein und irgendwo da draußen sein Unwesen treiben.

Hirscheber haben Hauer, die ihnen in einem Bogen aus dem Gesicht wachsen. Manchmal wachsen diese Hauer ihnen auch wieder in den Kopf hinein – und töten die Tiere.

Coulrophobie ist die Angst vor Clowns. Verständlich – vor allem wenn man zu oft *ES* von Stephen King geschaut hat …

In Japan gibt es die Legende von dem baumgestaltigen Dämon Jubokko, der erst als normales kleines Bäumchen auf einem Schlachtfeld wuchs, auf dem sehr viel Blut geflossen war. Dieses Blut sog das Bäumchen in sich auf und wurde zu einem bösen Dämon.

Auf der »Insel des Todes« *Queimada Grande* vor der Küste Brasiliens gibt es die hochgiftige Schlangenart Insel-Lanzenotter, die es nirgendwo sonst auf der Welt gibt. Deshalb darf man die Insel seit 1985 auch nicht mehr betreten. Ob sich dort vielleicht noch andere Dinge verbergen als nur Schlangen?

Manche Igelwürmer haben in ihrer Gebärmutter kleine Igelwürmermännchen, die dort ununterbrochen Eizellen befruchten.

Auf North Sentinel Island im Indischen Ozean wohnen die Sentinelesen, die jeden Kontakt mit der Außenwelt ablehnen – auf entsprechende Versuche haben sie immer mit Gewalt reagiert. Wer hier strandet, ist des Todes …

Giraffen haben so lange Zungen, dass sie sich damit selbst die Ohren abschlecken können.

Angeblich starb Beatles-Mitglied Paul McCartney 1966 und wurde von einem Doppelgänger ersetzt. Hinweise darauf gibt es zahlreiche – glaubt man Verschwörungstheoretikern. So trägt Paul McCartney zum Beispiel auf einem Bild im Booklet von *Magical Mystery Tour* als einziger Beatle keine rote, sondern eine schwarze Nelke.

Einem Hoax muslimischer Jugendlicher zufolge verwandelte sich 2005 ein Mädchen in einer Ratte, weil es nach einem Streit mit seiner Mutter den Koran geschändet hatte.

Wenn es eine Hölle gibt, liegt sie bestimmt in der Danakil-Wüste in Nordafrika. Dort ist es dank des Vulkans Dallol nicht nur sehr heiß – es gibt auch schräge Schwefellandschaften und giftige Salzseen.

Eulen haben drei Augenlider, eines zum Zwinkern, eines zum Abdunkeln beim Schlafen – und eines, um das Auge zu säubern. Wäre doch mega, wenn du ein Augenlid für die Schule hättest, das dich aussehen lässt, als würdest du aufmerksam zuhören, während du eigentlich schläfst.

Das Atoll Mururoa, das zu Französisch-Polynesien gehört, sieht aus wie der Himmel auf Erden – allerdings wurden hier, auf dem Kernwaffentestgelände der Franzosen, zwischen 1966 und 1996 fast 200 Atomtests durchgeführt, entsprechend verseucht ist dieser paradiesische Ort.

Ein Jahr lang hält es ein Krokodil ohne Nahrung aus. Wie lange schaffst du es? Eine Stunde?

Der Riesenkalmar hat Augen so groß wie Fußbälle und Fangarme, die bis zu zwölf Meter lang werden können.

Bei Betroffenen des hyperthymestischen Syndroms ist das episodische Gedächtnis so stark entwickelt, dass sie sich an jeden einzelnen Tag ihres Lebens erinnern können. Und was hattest du gestern noch einmal zum Mittagessen?

Die Disko-Muschel hat's voll drauf und vertreibt ihre Feinde mit blauen Lichtblitzen.

Das militärische Sperrgebiet der Air-Force-Basis Area 51 ist auch heute noch für die Öffentlichkeit nicht zugänglich – angeblich lagern hier seit einem Ufo-Absturz im Jahr 1947 Ufo-Wrackteile und die Leichen von Außerirdischen.

Der Zigarrenhai heißt auf Englisch *Cookiecutter Shark*. Übersetzt heißt das Plätzchenstecher-Hai, denn er beißt aus seinen Opfern perfekte runde Fleischstückchen heraus – präzise wie beim Plätzchenbacken im Advent.

Unweit von Rügen, auf der Insel Riems, erforscht das Friedrich-Loeffler-Institut die gefährlichsten Seuchen der Welt – entsprechend gilt hier die biologische Sicherheitsstufe vier. Die Insel ist Sperrgebiet.

Koboldhaie sehen genauso aus wie ihr Name besagt: Wie eine ekelhafte Mischung aus Kobold und Hai – und sie gibt es übrigens schon seit um die 125 Millionen Jahren. Da würde vermutlich jeder von uns alt und nicht mehr ganz so hübsch aussehen.

Clownfische werden männlich geboren. Stirbt ein Weibchen, verwandelt sich das ranghöchste Männchen in ein Weibchen. Die anderen männlichen Fische rücken dann in der Rangordnung einen Platz nach oben. Das heißt, der Film *Findet Nemo* ist total irreführend. Marlin wäre Nemos neue Mama geworden und Nemo sein eigener Vater.

Luposlipaphobie ist die Angst, auf Socken von Timberwölfen um einen Küchentisch verfolgt zu werden, wobei der Boden frisch gewachst ist. Verständlich – wirklich ein Schreckensszenario.

In den 1930er-Jahren wurde angeblich ein fast zwei Meter langes Krokodil in den USA aus der Kanalisation geholt. Wie viele noch da unten so unterwegs sein mögen? Wie gut, dass es Toilettendeckel gibt, damit keine Tiere zu uns in die Wohnung kommen können. Aber ob die schwer genug sind, wenn so ein Riesenkrokodil den Deckel hochdrücken will?

128 Seiten
10,00 € (D) | 10,30 € (A)
ISBN 978-3-7423-2135-0

Prochazka, Gila Carla

Wie tickst du wirklich? – 25 Psychotests für starke Mädchen

Erfahre mehr über dich in Sachen Style, Körper, Liebe, Familie, Freundschaft, Schule und Alltag

Wie selbstbewusst bist du? Wie wirkst du auf deinen Schwarm? Bist du eine gute Freundin? Welcher Style passt zu dir?
So viele Fragen – und nur du kennst die Antwort! Du willst herausfinden, was dir wichtig ist und welche Stärken und Schwächen du hast? Dann ist dieses coole Buch voller Tests zum Ankreuzen zu 25 abwechslungsreichen Themen genau das richtige für dich. Die Auswertungen verraten dir viel über deine spannende Persönlichkeit und helfen dir, dich selbst besser kennenzulernen. Ganz viel Spaß und aufregende Entdeckungen sind garantiert.

riva

144 Seiten
14,00 € (D) | 14,40 € (A)
ISBN 978-3-7423-1943-2

Solms, Cedi

Junge, das musst du wissen

Das ultimative Buch für Jungs ab 12 Jahren – Mit Lifehacks, Rätseln und Challenges

Jungs spielen Fußball, sind unordentlich und mögen keine Bücher? Quatsch! Das sind doch alles nur Vorurteile und Klischees: Jungs sind nämlich vor allem einzigartig! Und damit haben sie ein Buch verdient, das genauso einzigartig und vielseitig ist wie sie selbst.

Der TikToker Cedi Solms nimmt dich mit auf eine turbulente Reise: Von cleveren Funfacts für langweilige Schulstunden und spannenden DIY-Experimenten über lustige Challenges, üble Pranks und verrückte Lifehacks ist alles dabei, was deinen Alltag deutlich weniger öde macht.

riva